GRANDES USINES

DE

TURGAN

LES MAGASINS

DU

BON MARCHÉ

FONDÉS PAR

Aristide BOUCICAUT

PARIS

M. Aristide Boucicaut.

Né à Bellême (Orne), le 14 juillet 1810. Décédé à Paris le 26 décembre 1877.

Mᵐᵉ BOUCICAUT.

Née à Verjux (Saône-et-Loire), le 3 janvier 1816. Décédée à Cannes, le 8 décembre 1887.

INTRODUCTION

Il ne semble pas que ce soit un bien intéressant sujet
à traiter que l'organisation d'une maison de nouveautés.
M. et Mme Boucicaut n'ont fait que cela ; et cependant,
en racontant tout simplement leur vie et leur œuvre,
M. Cucheval-Clarigny a fait une chose touchante et char-
mante. C'est que ces honnêtes gens ont démontré par un
éclatant exemple que le meilleur moyen d'arriver au
succès, c'est la probité et la bonté.

M. Boucicaut était employé à la Maison du Petit
Saint-Thomas, où il s'était fait une belle place par son
intelligence et son attachement à ses devoirs. Il entra
comme associé dans la maison du Bon Marché, qui n'était
alors qu'une maison de troisième ordre, et prit aussitôt
trois résolutions : renseigner exactement le public sur la
qualité des marchandises qu'il lui offrait, se contenter du
plus petit bénéfice possible, intéresser son personnel au
succès de la maison en le faisant participer aux bénéfices.
Ce ne sont pas trois découvertes. Ce qui caractérise
M. Boucicaut, c'est d'avoir obstinément et persévéram-
ment pratiqué ce qu'il avait résolu. Le public ne fut pas
long à s'apercevoir qu'il trouvait au Bon Marché les meilleures marchandises au plus bas prix, et, ce qui n'est pas
sans importance, les employés les plus polis et les plus
complaisants. On allait jusqu'à prévenir les clients des défauts qu'ils n'avaient pas aperçus. On reprenait la marchandise au prix coûtant si elle avait cessé de plaire. Ces procé-
dés constamment suivis, attirèrent si bien la foule que la
maison, dont le chiffre d'affaires était de 450.000 francs
quand M. Boucicaut l'avait prise en 1852, avait un inventaire de 7 millions d'affaires en 1863. Quand il mourut le
26 décembre 1877, Mme Boucicaut pouvait se retirer avec une
grande fortune; mais elle aurait cru, en quittant la maison,
quitter une famille. Elle resta et se trouva de force pour
cette nouvelle tâche, après avoir été seulement l'auxiliaire

de son mari pour ses œuvres de bienfaisance. Elle a dirigé d'une main ferme la maison de commerce, continué et développé les institutions créées par M. Boucicaut. Elle a voulu être bonne et secourable après sa mort comme elle l'avait été pendant sa vie. Son testament est un chef d'œuvre de libéralité intelligente et de bonté.

Cette maison du Bon Marché occupe environ 3,000 employés et un très grand nombre d'ouvriers; les employés y sont traités comme des amis : bien nourris, gouvernés avec une douceur qui n'exclut pas la fermeté ; sûrs d'avancer, s'ils rendent de bons services; rassurés contre les mauvaises chances de l'avenir par une Caisse de Prévoyance et par des retraites qui varient de 600 à 1,500 francs. On a pensé même à leur instruction et à leur plaisir. On a eu, pour les jeunes filles, des prévenances délicates. Il est clair que la volonté d'une femme a passé par là. On peut définir le Bon Marché un établissement de commerce qui a pour règle absolue la bonne foi et la sincérité, où le dernier des employés fait tout son devoir, et où les chefs de la maison font plus que leur devoir.

Je vous parle d'après M. Cucheval-Clarigny, et d'après M. Levasseur, membre comme lui de l'Académie des sciences morales et politiques et qui, en ce moment même comme rapporteur de la fondation Jules Audéoud, publie une appréciation extrêmement élogieuse de la façon dont M. et Mme Boucicaut ont traité leurs employés. Ils ont donné des millions, ce qui mérite bien quelques éloges; mais, outre le mérite de donner, ils ont eu le mérite tout aussi rare de savoir donner. Tout ce qu'il fallait faire a été généreusement et habilement fait. La tête était aussi bonne que le cœur.

Ces grands magasins sont une nouveauté dans le monde commercial, presque une révolution. Nous en avons plusieurs à Paris. A côté des grandes maisons de vente se placent d'autres entreprises où les ressources et les efforts accumulés permettent des améliorations qu'on n'aurait pas osé rêver il y a un demi-siècle : les hôtels meublés, les établissements de crédit, la messagerie sous toutes ses formes. Ces prodiges de l'association ne s'accomplissent pas sans froisser quelques intérêts. Les maîtres de poste ont crié contre les chemins de fer; les petits détaillants luttent tant qu'ils peuvent contre les immenses bazars. En définitive, il n'y aura pas de forces perdues; tout le monde trouvera à se caser, à s'utiliser, dans l'organisation nouvelle; et le progrès sera si grand, qu'on ne le trouvera pas trop payé par quelques souffrances passagères. C'est le monde moderne qui arrive; il faut que le passé s'empresse de s'accommoder aux formes nouvelles de la société, et d'en tirer profit.

Pour ne parler que des grands magasins à la tête desquels se place le Bon Marché, considérons-les un instant par rapport aux consommateurs, aux fabricants et aux marchands. Il n'y a aucun doute sur l'intérêt des consommateurs; on leur vend de meilleures marchandises à meilleur marché; tout le monde le voit, et tout le monde le comprend; ces grandes maisons achètent par masse, profitent des occasions, écoulent promptement leurs marchandises, et échappent aux dépréciations si dommageables au petit commerce. Le bénéfice n'est pas moins évident pour les fabricants qui gagnent de gros et solides clients, et dont la production croît en raison directe de l'augmentation de la vente. Qui souffre, dans cette transformation? Une minorité, respectable sans doute par les personnes, mais infime par le nombre : les marchands. Il ne faut pas croire que toutes les petites maisons disparaissent. Celles qui ont un vieux renom de probité, et qui se sont fait à la longue une clientèle choisie et fidèle, subsistent encore par l'habitude, par les facilités de crédit, par l'intimité, si on peut le dire. Il en est de même des bonnes vieilles auberges, où l'on se sent de père en fils comme en famille, et des banquiers qui sont des conseillers et des confidents. Tout ce qu'il y avait de meilleur dans l'ancien monde se maintient, mais le gros de la troupe est en désarroi, multiplie les réclamations et les protestations. Ils crient si fort que les ouvriers se laissent aller à crier avec eux contre leur intérêt manifeste. N'avons-nous pas vu dernièrement des marchands de boissons provoquer des grèves parce que les Grandes compagnies de chemins de fer s'efforçaient de diminuer les dépenses de leurs employés par l'Établissement de Magasins Généraux.

Les grandes associations commerciales, industrielles, ont tous les avantages du socialisme sans en avoir les inconvénients. C'est la liberté qui fait la différence entre les associations bienfaisantes et les théories oppressives et chimériques. On a, dans les associations, le pouvoir de s'en aller : on ne l'a pas, dans le socialisme d'État, et tout socialisme, qu'il le sache ou qu'il l'ignore, tend à devenir un socialisme d'État.

M. Cucheval-Clarigny commet, je crois, une petite erreur à propos du testament de Mme Boucicaut.

Il dit qu'elle a laissé une grosse somme d'argent à M. Pasteur. Ce n'est pas à M. Pasteur personnellement, c'est à son œuvre. L'erreur est d'autant plus insignifiante que, si le legs avait été fait à M. Pasteur, il l'aurait immédiatement versé dans la caisse de l'Institut qu'il a fondé. L'institut Pasteur sera dans l'avenir une des gloires de la France et du XIXe siècle. Mme Boucicaut en a deviné l'avenir, parce qu'elle avait l'instinct des grandes choses. Si vous allez dans la rue Dutot, perdue là-bas dans un quartier désert du côté de Vaugirard, vous y verrez le beau laboratoire où l'on guérit dès à présent la rage, où on est sur le point de trouver le remède de la diphtérie. Entrez : les portes sont toutes grandes ouvertes, et si l'illustre fondateur est là, il est prêt, qui que vous soyez, à vous recevoir et à vous guider. A gauche du vestibule, vous trouverez la salle des actes, grande, simple, inondée de lumière, où les Grancher et les Duchaux font leurs cours. Elle n'a pour tout ornement que quatre bustes, les bustes des premiers et des plus généreux souscripteurs, dont voici les noms : l'empereur de Russie, l'empereur du Brésil, le comte de Laubespin, sénateur, Mme Boucicaut.

JULES SIMON.

LES MAGASINS

DU

BON MARCHÉ

PREMIÈRE PARTIE.

Le fondateur des vastes établissements connus sous le nom de *Magasins du Bon Marché,* et dont la réputation est aujourd'hui universelle, avait débuté dans la vie par être un modeste employé. C'était un Normand, nommé *Aristide Boucicaut.* Fils d'un petit chapelier de Bellême (Orne), il était entré tout jeune dans le commerce des nouveautés, et la recherche d'une position l'avait amené à Paris. Dès qu'il se fut assuré une petite situation, il n'hésita pas, bien que fort jeune encore, à unir son sort à celui d'une jeune fille sans fort une, Marguerite Guérin, quifut la compagne de toute sa vie et l'auxiliaire de ses entreprises avant d'être la continuatrice de son œuvre.

M. Aristide Boucicaut n'était pas seulement un employé irréprochable, exact à tous ses devoirs et d'une conduite exemplaire : c'était aussi un esprit réfléchi et observateur. Il chercha de bonne heure à se rendre compte des réformes qu'il pouvait être utile d'apporter dans les habitudes commerciales, des changements qu'il fallait opérer dans les rapports du commerce avec le public et des conséquences que devaient nécessairement entraîner les progrès accomplis dans l'industrie des transports. C'est ainsi que l'expérience et la réflexion concoururent à faire naître chez lui les convictions qui devaient le guider dans sa carrière commerciale, et qu'il n'hésita pas à mettre en pratique, dès qu'il en eut les moyens.

L'occasion ne tarda pas à lui en être donnée. Il avait la légitime ambition d'être, à son tour, chef d'une maison : il accepta donc, en 1852, à l'âge de quarante-deux ans, la proposition de devenir, par voie d'association, l'un des propriétaires d'une maison de nouveautés, établie à l'extrémité de la rue du Bac et qui avait pour enseigne : *Au Bon Marché*. Le quartier, où de grands percements ont apporté l'air et la lumière, et qui doit à l'œuvre de M. Boucicaut tant de vie et de mouvement, était alors triste et obscur : la rue du Bac n'aboutissait qu'à des ruelles étroites : la maison était de médiocre importance; le chiffre des affaires ne dépassait pas 450,000 francs par an. M. Boucicaut en prit la direction effective et lui donna tout aussitôt une vive impulsion.

Réformes commerciales.

L'expérience et ses propres réflexions l'avaient convaincu que, pour assurer la prospérité d'une maison de commerce, il ne suffit pas d'attirer la clientèle; qu'il faut surtout savoir la retenir, et que le lien véritable entre une maison et ses clients est dans la confiance qu'elle inspire à ceux-ci. Cette confiance ne s'obtient et ne se conserve qu'au prix d'une probité rigoureuse. La pratique de cette probité devint la règle fondamentale du nouvel établissement. Point de marchandises surfaites : le prix définitif devait être immédiatement indiqué. Point de tentatives pour surprendre la bonne foi de l'acheteur et écouler des articles défectueux ou défraîchis : les employés avaient ordre d'appeler l'attention des clients sur les défauts qui déparaient un article. Pour convaincre les plus défiants que la loyauté

VUES RÉTROSPECTIVES DU BON MARCHÉ.

2

la plus scrupuleuse présidait aux opérations de sa maison,
M. Boucicaut, le premier, par une innovation hardie,
érigea en principe que toute marchandise qui, après un
nouvel examen, ne satisferait plus l'acquéreur, pourrait
être échangée ou remboursée. Rien ne pouvait être plus
contraire aux habitudes de l'ancien commerce qui consi-
dérait toute vente comme définitive; il semblait qu'une
telle latitude laissée aux clients dût être une source
intarissable d'abus, et elle ne manqua point d'être qualifiée
de grave imprudence et d'être déclarée impraticable.
M. Boucicaut tint bon : il avait jugé avec raison que cette
faculté, dont les gens peu délicats pouvaient seuls être
tentés d'abuser, était la garantie la plus incontestable et
la plus décisive qu'il pût offrir au public pour s'assurer sa
confiance.

Comment faire venir à soi de nouveaux clients? Par
l'appât irrésistible du bon marché.

Le nombre est restreint des gens qui, sans être indiffé-
rents au prix des choses, recherchent avant tout la qualité,
et payent volontiers plus cher pour être assurés d'être bien
servis; mais ceux-là sont innombrables qui tiennent à profiter des mêmes avantages à bon compte.

Ici encore, M. Boucicaut rompit avec les vieilles
traditions commerciales qui consistaient à acheter à bas
prix, mais à vendre aussi cher que possible. M. Boucicaut
voulut vendre à bas prix, à prix plus bas que n'importe
lequel de ses concurrents. Mais comment arriver à ces bas
prix et les maintenir sans y perdre? Serait-ce aux dépens
de la beauté, de la fraîcheur, de la qualité des marchandises
ou par des expédients de mesurage? Non, M. Boucicaut
voulait vendre bon, loyalement et à bon marché : il préleva
sur le bénéfice normal que les usages attribuaient au
commerce, le rabais dont il voulait faire profiter le public.
Il calculait, en effet, que si deux commerçants consacrent

le même capital au même genre d'opérations, et que l'un
des deux réussisse à écouler en trois mois son approvision-
nement de marchandises, tandis que l'autre a besoin d'une
année pour arriver au même résultat, le premier, renouve-
lant quatre fois ses opérations, obtiendra quatre fois la
rémunération de son capital ; et vint-il à réduire ses bénéfices des trois quarts, son capital ne serait pas rémunéré
moins largement que celui de son concurrent.

Vendre à petit bénéfice afin d'assurer le rapide écou-
lement des marchandises, ne rien laisser vieillir en magasin, ne laisser improductive aucune portion de son capital
et demander à la répétition continue des mêmes opérations
un profit final égal à celui que d'autres cherchaient à obtenir par l'exagération des prix, tel fut le système imaginé
et mis en pratique par M. Boucicaut. Il y trouvait, outre
une large rémunération de ses fonds, cet autre avantage
que le renouvellement constant des marchandises le met-
tait à l'abri des chances de détérioration, du défraîchisse-
ment et des variations de la mode.

La justesse de ses vues fut démontrée par l'essor
que prit rapidement la maison du *Bon Marché,* dont
M. Boucicaut avait conservé l'enseigne, étant résolu à
tenir ce qu'elle promettait. Quand il y était entré, le
chiffre des affaires, avons-nous dit, était de 450,000 francs ;
le nombre des employés était de vingt environ : dix ans
plus tard, en 1863, quand il en devint le seul propriétaire,
le chiffre des affaires avait atteint 7 millions, et le nombre
des employés s'était accru en proportion.

Voici donc M. Boucicaut à la tête d'une maison déjà
importante et d'un nombreux personnel. C'est vers ses
employés que son attention se tourne tout d'abord : il se
souvient qu'il a débuté comme eux, et il met à profit l'expérience de ses longs et pénibles commencements. Il sait

qu'on ne doit attendre ni zèle ni dévouement de gens qui ne sont pas satisfaits de leur condition; il sait aussi ce que la négligence, le mauvais vouloir ou l'infidélité des employés peuvent coûter à une maison. Il veut qu'on se trouve bien au *Bon Marché,* afin qu'on s'attache à la maison, sûr qu'on la servira bien et fidèlement pour conserver une position dont on sera satisfait. Il réduit les heures de présence au magasin pour diminuer les fatigues des employés; pour leur procurer un peu de repos et de véritable liberté, il inaugure la règle, qui s'est généralisée à l'exemple du *Bon Marché,* de fermer entièrement les dimanches et les jours de fête. Par l'établissement d'un service médical, il assure des soins gratuits à tout le personnel. Il se préoccupe d'assainir les logements des jeunes employés qui habitent dans l'établissement. Il améliore et il surveille lui-même leur nourriture, et la cuisine du *Bon Marché* acquiert dès lors une grande réputation dans le monde des employés de commerce. Indépendamment de ces soins matériels, M. Boucicaut élève l'échelle des traitements, et il y ajoute en même temps un intérêt sur les ventes que chaque employé effectue, les habituant tous par là à identifier leur profit personnel avec la prospérité de la maison. Il ne restait plus qu'à stimuler leur zèle et à les tenir en haleine par des perspectives d'avancement : l'intelligent patron y pourvoit en établissant dans sa maison une hiérarchie régulière dont tout employé peut gravir successivement les échelons, sans avoir à redouter aucune intrusion du dehors; sans avoir besoin d'invoquer d'autres titres que l'ancienneté et la valeur de ses services. Point de pénalités, point d'amendes pour les manquements au devoir : les avertissements des chefs et l'intérêt bien compris de l'employé devaient suffire à en prévenir le renouvellement; mais l'exclusion venait frapper l'obstination dans l'indiscipline.

C'est ainsi que M. Boucicaut posa les premières Nouvelles innovations. assises de la puissante organisation qui régit aujourd'hui l'immense établissement fondé par lui. Les satisfactions à donner au public étaient naturellement son principal souci. Les clients étaient assurés de rencontrer toujours la politesse la plus empressée, la plus infatigable obligeance ; les exigences féminines les moins raisonnables ne parvenaient point à lasser une patience à toute épreuve. Par la splendeur des étoffes ou par leur bas prix, par l'infinie variété des articles mis en vente, on s'efforçait de multiplier les séductions, de tenter les fantaisies. Presque chaque année une nouvelle branche ajoutée aux opérations de la maison attirait de nouveaux acheteurs. Pour qu'aucune préoccupation, aucune appréhension d'embarras n'arrêtât le public, M. Boucicaut voulut supprimer l'ennui des paquets, et il organisa un service quotidien de voitures pour la distribution à domicile des moindres emplettes. Paris et, bientôt après, la banlieue furent continuellement sillonnés par les élégantes voitures du *Bon Marché*. Ne pouvant étendre cet avantage à la province, M. Boucicaut y suppléa en concédant à ses clients le transport gratuit par chemin de fer de tout envoi dont le prix dépasse 25 francs. Les calculs sur lesquels reposait ce système ont été justifiés par l'expérience, et les imitateurs n'ont pas manqué : cela diminue-t-il en rien le mérite du commerçant intelligent qui en conçut le premier la pensée et qui en fit résolument l'application ?

Tant d'efforts furent récompensés par un succès sans Reconstruction du Bon Marché. exemple. Six ans s'étaient à peine écoulés depuis que M. Boucicaut était devenu le seul propriétaire du Bon Marché, et la maison, dont le chiffre d'affaires allait toujours grandissant, se trouvait trop à l'étroit dans les locaux qu'elle occupait. Se déplacer était une épreuve redoutable autant que coûteuse. M. Boucicaut se rendit acquéreur des maisons voisines, de façon à être propriétaire d'un îlot tout entier entre quatre voies importantes, et il résolut de ne démolir ses magasins que successivement, et à mesure que les constructions nouvelles permettraient l'installation des services qui céderaient la place aux maçons. La première pierre des bâtiments actuels du Bon Marché fut posée, le 9 septembre 1869, par Mme Boucicaut. Sous cette pierre, dans une boîte de plomb, est renfermée une déclaration sur parchemin, signée de M. Boucicaut, de son fils, et des principaux employés ; nous en extrayons la phrase suivante parce qu'elle marque nettement quelles généreuses préoccupations remplissaient l'âme de M. Boucicaut. « Je désire donner à cette construction toute spéciale une organisation philanthropique qui me permette, en me rendant utile à mes semblables, de témoigner à la Providence ma profonde reconnaissance pour le succès dont elle n'a cessé de couronner mes efforts — car devenu chef de cette maison en 1852, alors que son chiffre d'affaires ne dépassait pas 450,000 francs, je puis évaluer ce même chiffre, pour l'année 1869, à la somme de 21 millions. » On retrouve dans cette déclaration l'homme bienfaisant qui devait, en 1870, mettre des sommes importantes à la disposition de la Société de secours aux blessés, qui devait, après le siège, distribuer par milliers des portions d'aliments aux pauvres de son quartier, à qui la Société d'encouragement au bien devait, en 1872, décerner une médaille d'or pour les œuvres de bienfaisance organisées par lui sur la rive gauche, qui devait enfin, en 1876, ajouter à tous ses bienfaits la distribution gratuite de lait pour les vieillards et les petits enfants des familles nécessiteuses.

De nos jours, le principal souci de la plupart de nos architectes est de construire une belle façade, grandiose ou élégante, suivant la destination du bâtiment ; on se tire ensuite de la distribution intérieure du mieux que l'on

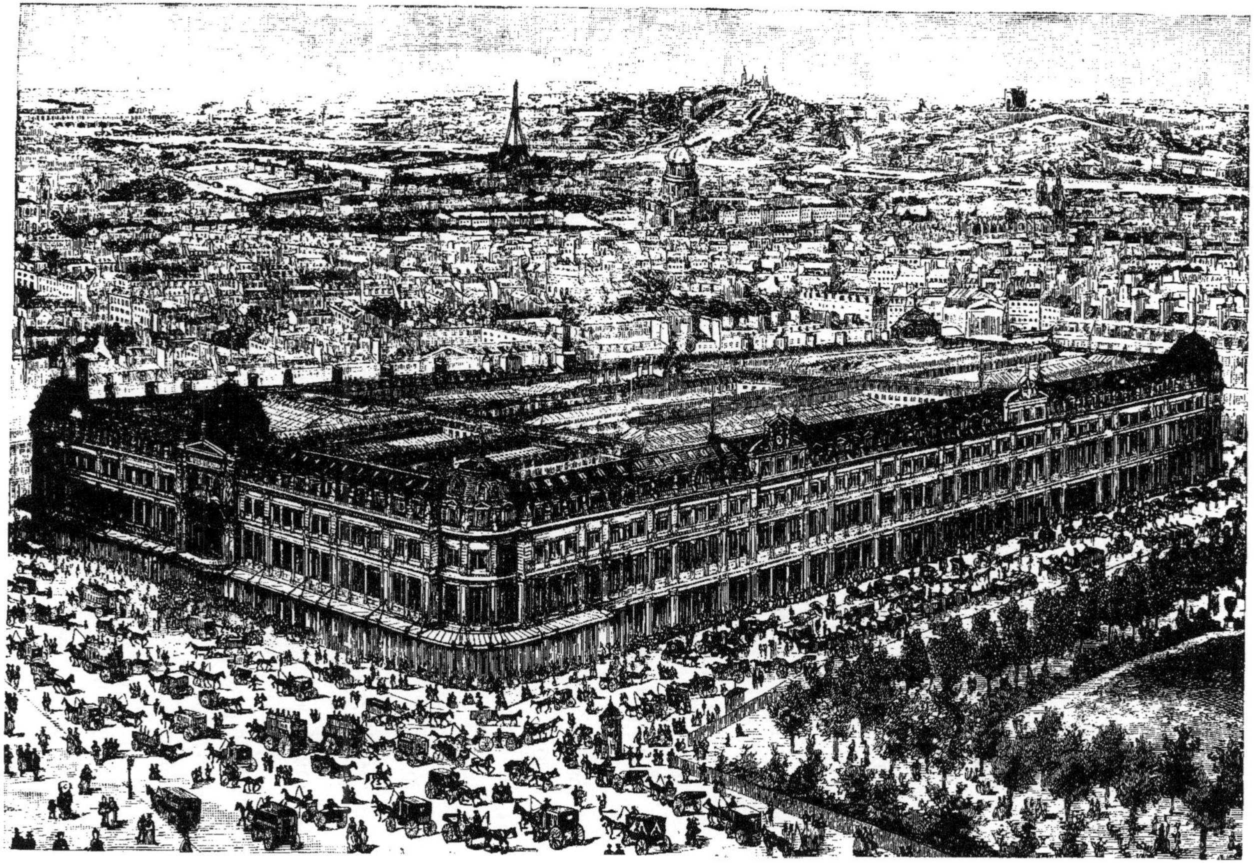

Vue générale des Magasins du Bon Marché.

peut. M. Boucicaut était un esprit trop pratique pour s'accommoder de ce système; il voulait que l'installation de chaque service fût prévue à l'avance, dans les conditions d'espace, de lumière, de dégagements les plus commodes pour le personnel et les plus agréables pour le public; il lui fallait des galeries spacieuses et bien éclairées, où la circulation fût facile. Ces exigences, comprises par un architecte habile, ont abouti à faire des bâtiments actuels du Bon Marché un monument remarquable par la disposition harmonieuse de toutes ses parties et par la distinction de son aspect extérieur. La construction a duré dix-huit années, parce qu'afin de n'apporter aucune interruption dans les opérations de la maison, il fallut, avant de reconstruire un côté des bâtiments, que cette partie fût déjà remplacée et évacuée. L'installation, telle qu'elle existe aujourd'hui, ne fut définitivement terminée qu'en octobre 1887; mais dès avril 1872, une partie importante des nouvelles constructions put être inaugurée. Ce fut pour le bienveillant patron l'occasion de donner à son personnel une nouvelle preuve de l'intérêt qu'il lui portait, par l'institution de cours gratuits de musique vocale et instrumentale, de langue anglaise et d'escrime; par l'établissement, à son usage, d'une bibliothèque et de salles de jeux. Trois ans plus tard, le 15 mars 1875, l'achèvement d'une nouvelle partie des bâtiments permit à M. Boucicaut de placer gratuitement à la disposition des artistes peintres et sculpteurs une galerie où ils peuvent exposer leurs œuvres, et les faire connaître des milliers de personnes qui fréquentent chaque jour l'établissement.

Institution de la
« Prévoyance. »

L'année suivante, M. Boucicaut reconnut qu'il existait une lacune dans l'organisation qu'il avait donnée à sa maison, et il s'occupa de la combler. Pour faciliter à ses

employés la constitution d'un capital destiné à assurer leur
avenir, il consentait, depuis plusieurs années, à recevoir
en dépôt leurs épargnes et il servait à ces dépôts volon-
taires un intérêt de 6 pour 100, fort supérieur, par conséquent, à l'intérêt qu'ils pouvaient retirer d'aucun pla-
cement de fonds; mais ce sacrifice imposé à la maison ne
profitait pas à tout le personnel. Tous n'étaient pas en
situation d'épargner; les employés qui avaient déjà acquis
une position et dont la rétribution était accrue par un
intérêt sur leurs opérations, pouvaient faire des économies;
mais les employés qui ne jouissaient pas de ces avantages
supplémentaires ou à qui le défaut d'instruction interdisait
l'espoir de les obtenir, tout le personnel inférieur, en un
mot, pouvaient malaisément économiser sur leurs appointements, M. Boucicaut se chargea d'épargner pour eux.

Il institua, le 31 juillet 1876, au profit de ceux de ses
employés qui comptaient cinq années de service dans la
maison, et qui n'avaient point d'intérêt, soit sur les affaires,
soit sur les bénéfices, soit sur la vente générale de leur
rayon, une Caisse de Prévoyance qui conserve son nom :
voici l'avis par lequel il porta cette création à la connais-
sance de son personnel, et qui a toujours été reproduit
en tête des livrets remis par la Caisse aux ayants droit.
« En instituant la présente Caisse de Prévoyance, nous
avons voulu assurer à chacun de nos employés la sécurité
d'un petit capital, qu'il puisse retrouver au jour de la
vieillesse, ou qui, en cas de décès, puisse profiter aux siens.
Nous avons voulu, en même temps, leur montrer d'une
manière effective quelle est l'étroite solidarité qui doit les
unir à la maison. Ils comprendront mieux que l'activité
de leur travail, le soin des intérêts de la maison, l'économie du matériel mis à leur disposition, sont autant de
devoirs qui tournent au profit de chacun. Ils se péné-
treront davantage des principes que nous ne cessons de

3

leur prescrire; ils sauront mieux, y étant plus directement intéressés, que le succès dépend de leurs soins, de leur bonne tenue et de l'attention qu'ils apporteront à satisfaire la clientèle, but auquel nous tendons tous. »

Nous avons tenu à reproduire cette déclaration parce qu'elle est caractéristique: elle démontre que M. Boucicaut faisait reposer la prospérité de sa maison, sur une étroite solidarité entre les patrons et les employés, et qu'il était convaincu que tous les avantages assurés à ceux-ci cimentaient cette solidarité pour le plus grand bien de tous. Elle démontre aussi combien il était sincère lorsqu'en posant, sept ans auparavant, la première pierre de son nouvel établissement, il annonçait l'intention de lui donner une organisation philanthropique. La Caisse de Prévoyance Boucicaut est alimentée exclusivement par les sommes que la maison prélève, le 31 juillet de chaque année, sur les bénéfices réalisés. Cette somme, qui est une pure libéralité, est répartie entre les participants au prorata de leurs appointements. Le compte ouvert à chacun s'accroît des intérêts annuels calculés à 4 pour 100 et du produit de chaque répartition nouvelle. Quand une demoiselle employée vient à se marier, elle peut demander que le montant de son livret lui soit remis le jour de son mariage. Un règlement détermine les conditions d'âge ou de services qui permettent aux titulaires d'exiger les sommes inscrites à leur compte. En cas de décès, les sommes revenant au titulaire d'un livret sont versées à son conjoint, veuf ou veuve, à ses enfants ou à ses ascendants. Par suite de prélèvements successivement opérés sur les bénéfices de la maison depuis 1876, le total du fonds de Prévoyance s'élevait, au 31 juillet 1889, à 1,348,369 fr. 65, non compris la somme de 396,723 fr. 10, distribuée aux participants depuis la fondation de la Prévoyance.

A la même date le nombre des participants était de 1,491.

*
* *

Il ne fut pas donné à M. Boucicaut de suivre long- Madame Boucicaut.
temps la marche de cette institution vraiment généreuse :
il mourut presque subitement le 26 décembre 1877, après
avoir vu, dans le cours de cette année, le chiffre de ses
affaires s'élever à 66,679,584 francs, et sa maison acquérir
sans conteste le premier rang dans le commerce parisien.
Son fils, déjà atteint d'une maladie mortelle, lui survécut
moins de deux années; et le 18 octobre 1879, Mme Boucicaut
mère demeura seule propriétaire du *Bon Marché*. C'était
une lourde charge que la conduite d'un pareil établissement; mais celle en qui l'on n'avait vu jusque-là qu'une
épouse exemplaire, une mère affectionnée, une femme
généreuse et charitable, pleine de sollicitude pour tous les
malheureux, et dévouée aux œuvres de bienfaisance que
son mari avait fondées ou qu'il entretenait, révéla aussitôt
des qualités d'homme d'affaires inattendues. Elle pouvait
se retirer avec une grande fortune et jouir, au sein de
l'opulence, d'un repos bien gagné; elle n'eut, au contraire,
d'autre pensée que d'assurer la conservation de l'établissement créé par son mari et auquel tant d'existences étaient
attachées; elle constitua, le 14 janvier 1880, pour l'exploitation du *Bon Marché,* une Société en commandite simple
entre elle-même et les principaux de ses collaborateurs, qui
devinrent ainsi ses associés. Le fonds social fut fixé à vingt
millions divisés en quatre cents parts de 50,000 francs;
Mme Boucicaut souscrivit 12,500,000 francs pour son compte
et les quatre-vingt-seize employés qu'elle admit à s'associer
avec elle durent fournir 7,500,000 francs; mais les plus
grandes facilités pour se libérer graduellement furent
accordées à ceux qui ne pouvaient acquitter immédiatement le prix d'une part. Pour rendre l'association acces-
sible à un plus grand nombre d'employés, chaque part fut

ensuite divisée en huit coupures. Pour prévenir l'intrusion dans la société d'éléments étrangers au personnel de la maison, Mme Boucicaut se réserva le droit d'acquérir, au prix d'inventaire, toute part ou portion de part de tout commanditaire qui viendrait à se retirer ou à mourir. L'intention de la fondatrice était de se défaire graduellement, au profit d'employés de la maison, des parts qu'elle avait souscrites; mais par-dessus tout, elle ne voulait pas que les bénéfices réalisés par le *Bon Marché* pussent devenir une source de fortune pour d'autres que ceux dont le travail et l'intelligence les avaient produits.

La Société civile.
Cette pensée était si fortement arrêtée dans son esprit que, quelques années plus tard, sentant la mort venir, elle institua, à côté de la Société commerciale du *Bon Marché,* une Société civile à laquelle elle concéda le droit exclusif d'acquérir les parts de la Société commerciale, qu'elle-même se trouverait posséder encore au moment de son décès. Cette Société civile a reçu aussi le droit de se rendre propriétaire, pour le compte de la Société commerciale, des bâtiments occupés par le *Bon Marché,* afin qu'ils ne puissent être détournés de leur destination. En un mot, cette Société civile est une sorte d'être moral créé pour assurer la perpétuité de l'entreprise commerciale, pour l'empêcher d'être dénaturée ou de passer en des mains étrangères. Elle était enfin une légataire universelle que Mme Boucicaut se réservait de substituer, par son testament, à l'Assistance publique pour le cas où l'exécution de ses dernières volontés rencontrerait des difficultés chez cette administration.

Institution de la Caisse de Retraites.
Le jour où la Société civile fut constituée, le 4 août 1886, fut marqué par une autre fondation, l'institution d'une Caisse de Retraites en faveur de ceux des employés du Bon Marché

qui, n'étant point intéressés dans les bénéfices ou dans les opérations de la Maison, ne reçoivent que des appointements. Cette Caisse reçut de Mme Boucicaut une dotation immédiate d'un million ; mais quelques mois plus tard, la fondatrice, « afin d'assurer largement le sort de tous ceux qui contribuent à la prospérité de sa maison », ajouta à cette dotation première, sous forme d'une donation entre vifs, c'est-à-dire irrévocable, une nouvelle somme de quatre millions, prise également sur sa fortune personnelle. La Caisse fonctionne depuis lors, sans aucune contribution de la part du personnel, avec le revenu de la dotation et un prélèvement de cinq pour cent sur les bénéfices de la Société civile : le minimum des pensions servies est de 600 francs, le maximum a été porté de 1,200 à 1,500 francs : la pension est acquise par vingt années de services, mais elle n'est servie aux femmes qu'à l'âge de 45 ans et aux hommes qu'à 50 ans. Des secours peuvent être accordés aux employés en activité de service qui seraient dans l'impossibilité de continuer à remplir leurs fonctions, aux veuves et aux orphelins mineurs des employés. Le conseil qui administre la Caisse de Retraites est composé des Gérants et Administrateurs de la maison et de six personnes, choisies annuellement parmi les membres de la Société civile, appartenant par conséquent au personnel de la maison, et désignées par l'Assemblée générale ; il est rendu compte des opérations de la Caisse à cette même Assemblée générale. Le contrôle est complet.

Si l'on cherche à dégager l'inspiration qui a présidé aux fondations de M. et Mme Boucicaut et à leur œuvre, et si l'on étudie dans ses conséquences l'organisation adoptée dans leur établissement, on rencontre, à côté d'une pensée d'humanité et de justice, une conception nouvelle des rapports à établir entre le capital et le travail. Dans le nombreux personnel du Bon Marché il n'est aucun employé, si modeste

soit-il, qui puisse se dire réduit à son salaire et se prétendre
exclu de toute part dans les bénéfices de la maison. Tous
y participent, sans aucune exception, soit par l'intérêt qui
leur est attribué, soit sous forme d'augmentation de traitement par l'action de la Prévoyance-Boucicaut, soit par la
pension viagère que leur assure la Caisse de retraites. A un
autre point de vue, quoi de plus libéral et même de plus
démocratique que l'organisation définitivement donnée
au Bon Marché ! Si la Prévoyance-Boucicaut et la Caisse de
Retraites assurent le présent et l'avenir des employés qui ne
peuvent prétendre à s'élever au-dessus des fonctions mo-
destes qu'ils occupent, les règles de la maison offrent à ceux
qui ont le désir et la capacité de bien faire, la perspective
d'un avancement assuré, et leur ouvrent l'accès d'une association qui peut les conduire à la fortune. L'espoir d'arriver
au premier rang n'est interdit à personne, puisqu'une limite
d'âge astreint à la retraite ceux qui occupent les postes les
plus élevés. On rencontre donc ici, tout à la fois, une œuvre
d'humanité et de justice, digne d'encouragement, et une
expérience sociale des plus intéressantes à étudier. C'est
cette double circonstance qui a appelé l'attention de l'Académie des sciences morales et politiques, et a déterminé
cette Académie à décerner aux institutions de Prévoyance
du Bon Marché une des médailles d'or du prix Audéoud.

**Testament
de Mme Boucicaut.**
Mme Boucicaut avait eu la satisfaction de voir les
immenses constructions du Bon Marché s'achever heureusement, et les plans de son mari se réaliser dans toute leur
étendue. La prospérité de la maison allait toujours grandissant ; les affaires avaient atteint et promptement dépassé
le chiffre de cent millions par an. La généreuse bienfaitrice
pouvait considérer son œuvre en ce monde comme terminée. Elle s'éteignit doucement le 8 décembre 1887 à
Cannes, dans sa villa Soligny, laissant à ce personnel du

Bon Marché dont elle avait fait sa famille, une marque
éclatante de son affection et de sa libéralité. Les employés,
réunis le dimanche 11 décembre, dans la grande galerie
de l'établissement, pour entendre la lecture du testament
de Mme Boucicaut, apprirent par cette lecture qu'elle léguait
à chacun d'eux une somme variant de mille à dix mille
francs suivant l'ancienneté de ses services. L'exécution de
cette disposition testamentaire exigea une somme de
16 millions. Par ce même testament, modèle de précision
et de clarté, où tout était minutieusement calculé et détaillé,
elle léguait 2,645,000 francs pour la fondation à Lille, Rouen
et Chalon-sur-Saône de maisons de refuge en faveur des
ouvrières ; — un million à la maison des jeunes ouvriers
de Saint-Nicolas à Paris ; — 500,000 francs à l'établissement
des jeunes économes et autant à l'internat professionnel
de Picpus ; — 600,000 francs à la maison de retraite de
Fontenay-aux-Roses ; — autant à l'hospice des vieillards
de Bellême, fondés par elle et son mari ; — 210,000 francs
aux pauvres de Paris ; — 100,000 francs à chacun des
bureaux de bienfaisance de Verjux, son pays natal, et de
Bellême, — et 50,000 francs à ceux de Cannes et de Fontenay-aux-Roses ; — 100,000 francs à chacune des cinq associations fondées par le baron Taylor : peintres, musiciens,
artistes dramatiques, professeurs et inventeurs, — et autant
à l'association des journalistes ; — 100,000 francs à M. Pasteur à qui elle avait déjà, de son vivant, donné 150,000 francs ;
— 300,000 francs à l'archevêque de Paris ; — 100,000 francs
à chacun des consistoires des cultes luthérien, calviniste
et israélite, — et 25,000 francs aux Grecs orthodoxes. Le
linge et les bijoux étaient légués aux maisons d'éducation
de la Légion d'honneur, et les tableaux, à l'exception de
ceux qui étaient donnés à titre de souvenir à des amis,
étaient répartis entre les musées du Louvre et du Luxem-
bourg. Le surplus de sa fortune était donné à l'Assistance

publique pour être affecté à la construction d'un hôpital à Paris. On ne pouvait faire un plus noble usage d'une richesse bien acquise.

*
* *

La Société actuelle du Bon Marché.

Par suite de la mort de Mme Boucicaut, la Société en commandite simple, créée pour l'exploitation du Bon Marché, se transforma en une commandite par actions, dont la raison sociale est : Plassard, Morin, Fillot et Cie, du nom des trois Gérants directeurs, que Mme Boucicaut s'était substitués par ses volontés dernières. Les coassociés de Mme Boucicaut, au nombre de 373, presque tous employés ou anciens employés de la maison, demeurèrent seuls propriétaires de l'actif social, Mme Boucicaut ayant astreint ses représentants à leur céder les parts qu'elle possédait encore au moment de son décès.

Le Bon Marché se trouve donc actuellement sous la haute direction des trois Gérants désignés par Mme Boucicaut en reconnaissance des services qu'ils lui avaient rendus et qu'elle les « suppliait de continuer à cette maison dans laquelle elle avait mis toute sa fierté et sa sollicitude ». Le Président de ce Comité de direction est M. Plassard, qui avait été, à partir de 1878, le conseil personnel de Mme Boucicaut et à qui elle avait demandé, en 1885, d'accepter la présidence du Conseil d'administration qu'elle s'était adjoint pour l'aider dans la conduite de la maison. Le second Gérant, M. Morin, a fait son début dans le commerce au Bon Marché, où il est entré le 1er août 1856, et qu'il n'a jamais quitté. Il est le plus ancien des employés de la maison, où il a passé par tous les degrés de la hiérarchie établie par M. Boucicaut.

Chef de comptoir, le 1ᵉʳ février 1868, administrateur le
1ᵉʳ août 1874, fondé de pouvoirs en 1880, vice-président du
Conseil d'administration, le 23 novembre 1885, il est
devenu l'un des Gérants au décès de Mᵐᵉ Boucicaut. Le
troisième Gérant, M. Fillot, a fait également toute sa carrière au Bon Marché où il est entré le 1ᵉʳ septembre 1861.
Chef des caisses en 1864, et administrateur le 1ᵉʳ août 1874,
il est devenu fondé de pouvoirs en 1877 et vice-président
du Conseil d'administration en novembre 1885. On le voit :
si l'un des trois Gérants apporte dans le Comité de direction les lumières et l'expérience du jurisconsulte, les deux
autres, formés par M. Boucicaut lui-même, y sont comme
la tradition vivante des fondateurs de la maison.

Au-dessous de ce Comité, si fortement constitué, et qui *Organisation inté-*
concentre entre ses mains toute l'autorité des patrons *rieure.*
disparus, se trouve un Conseil d'administration composé de
quatorze membres, dont chacun dirige un des grands services de la maison. C'est en Conseil que se discutent, avant
toute nomination par la Gérance, les choix proposés par
chaque administrateur pour remplir les postes devenus
vacants dans son département. Ce Conseil délibère également sur les traités à passer, sur les affaires à conclure,
sur les commandes à faire. Pour empêcher que l'esprit de
routine pénètre dans le Conseil, il est spécifié que tout
administrateur, arrivé à l'âge de cinquante ans, doit cesser
ses fonctions et qu'il sera pourvu à son remplacement par
la Gérance. L'assemblée générale sera appelée, dans l'avenir, à renouveler ou à confirmer les pouvoirs de la
Gérance.

Indépendamment de ces 373 actionnaires de la
commandite, le Bon Marché compte 81 employés ayant
un intérêt sur l'ensemble des affaires de la maison, et
158 ayant un intérêt sur les affaires de leur comptoir.

L'intérêt sur le chiffre des affaires fait beaucoup plus que doubler les émoluments du personnel ; et, comme il dépend de chaque employé d'accroître sa participation par un redoublement de zèle et d'activité, on peut dire que chacun est rémunéré selon ses œuvres, c'est-à-dire conformément à la justice.

Là est sans doute un des secrets de la prospérité du Bon Marché. L'autorité est en haut, l'unité de direction est complète ; l'impulsion se transmet sans affaiblissement à tous les degrés de la hiérarchie où la discipline est maintenue par le stimulant le plus efficace : l'intérêt immédiat et tangible du subordonné. Comment pourrait-on expliquer autrement l'ordre merveilleux qui règne dans cet immense établissement, — où il arrive fréquemment 400 à 500 colis dans une seule journée, — où l'on a vérifié, l'an dernier, 87,107 caisses ou ballots pesant ensemble 5 millions et demi de kilogrammes ? Par quelle perte pourrait se traduire la moindre inexactitude, la moindre négligence dans cette vérification ? Quelle ne serait pas l'importance du coulage si la vigilance avec laquelle la distribution, la manutention et la mise en vente des marchandises sont surveillées, venait à se relâcher ?

* *

Objet de la Société.

La maison du Bon Marché a pour objet le commerce des nouveautés, mais ce mot de nouveautés est entendu dans un sens tellement large qu'il comprend, non seulement ce qui est relatif à la toilette des femmes, mais tout ce qui se rapporte à l'habillement des deux sexes et même tout ce qui peut contribuer au confortable ou à l'ornement des habitations. On y rencontre tous les articles

Réception
des
marchandises.

qui peuvent entrer dans les cinq grandes catégories suivantes :

1° Les soieries, la draperie, les lainages, les tissus de fantaisie, les indiennes;

2° Les costumes et confections pour dames, les vêtements pour hommes, garçons et fillettes, les jupons, peignoirs et robes de chambre, les modes et coiffures, les cravates, les gants et la chaussure;

3° Les trousseaux et layettes, les toiles, les calicots, le linge de table et de maison, les rideaux, la bonneterie pour les deux sexes, les chemises, mouchoirs, ruches et dentelles;

4° Les étoffes pour ameublements, les meubles, sièges et tapisseries, les literies, couvertures et tapis de tout genre;

5° La parfumerie, les rubans, les fleurs, la passementerie et la mercerie, les jouets, les articles de voyage et de chasse, les articles de Paris, de Chine et du Japon.

La vente se fait au comptant, et l'on comprend sans peine quels avantages la continuelle disposition de fonds aussi considérables assure aux opérations de la maison.

Production du Bon Marché.

Le Bon Marché ne se borne pas à vendre les nouveautés achetées par lui en fabrique; il est lui-même un centre de production des plus importants par le nombre des ouvriers qu'il emploie et par la qualité des articles qu'il confectionne ou qu'il transforme. Il s'est imposé de tirer exclusivement du pays les matières qu'il emploie, à l'exception de certaines sortes de dentelles qui ne se font pas en France. Trousseaux et layettes, linge de table et de maison, mouchoirs brodés et unis, chemises et gilets de flanelle, pantalons en tissus, toute cette fabrication est coupée et préparée dans les manutentions du Bon Marché; elle est ensuite expédiée aux entrepreneurs de Paris ou de Province,

avec l'obligation de tout coudre à la main à l'exclusion
des machines : ainsi le veut la préférence marquée des
clientes pour les articles cousus à la main. Les entrepreneurs auxquels le *Bon Marché* fournit ainsi de l'occupation emploient 15,730 ouvriers. Les costumes pour dames,
les jupes, les matinées sont coupés, préparés et en partie
confectionnés au Bon Marché même, par environ 200 manu-
tentionnaires et ouvrières ; ces articles sont terminés au
dehors dans 78 ateliers qui travaillent exclusivement
pour la maison et qui ne comptent ensemble pas moins
de 1,400 ouvrières. Les confections pour dames occupent
80 personnes dans la maison, et au dehors 1,100 ouvriers
et ouvrières, répartis en 75 ateliers. Les modes et coiffures
sont l'œuvre d'un personnel nombreux de modistes et
d'ouvrières, installées dans la maison et dans 22 ateliers
établis au dehors. Pour les vêtements d'hommes et de
garçonnets, le nombre des ouvriers du dehors, travaillant à façon, a été en 1888 de 600, et celui des ouvriers
travaillant à l'intérieur a été de 80. Enfin les ateliers de
tapisserie, installés dans une des dépendances du *Bon
Marché,* occupent environ 200 ouvriers et ouvrières. Tous
les ateliers établis à l'intérieur ne laissent rien à désirer
sous le rapport de l'air, de la lumière et de la commodité
des installations. Les chiffres qui viennent d'être cités
expliquent suffisamment pourquoi l'on ne pourrait hésiter
à classer le *Bon Marché* au rang des grandes usines.

Comment sont réunies ces marchandises qui arrivent
journellement de tous les points du territoire français et
souvent aussi des pays les plus lointains : de l'Arménie, de
la Perse, de la Chine et du Japon ? Qui préside à leur choix,
à leur classement ? Qui détermine les transformations
qu'elles doivent subir avant d'être mises en vente ? Qui
pourrait se flatter de réunir les connaissances nécessaires ?

On ne pouvait venir à bout d'une pareille tâche que par la division du travail. La direction a distribué les marchandises, d'après leurs analogies entre elles, en 47 départements qu'on appelle des Comptoirs ou *Rayons*. A la tête de chacun, elle a placé un chef responsable qui est chargé de l'administrer comme un patron pourrait faire de sa propre maison. Le chef de rayon organise et dirige le personnel qui est placé sous ses ordres. Il soumet au Conseil les opérations qu'il juge avantageuses ou utiles; il lui communique, avec un avis motivé, les propositions envoyées par les fabricants de province. Il faut faire preuve de goût, de tact et surtout de flair, car l'important est de deviner quelle direction la mode prendra à la saison prochaine. S'agit-il d'étoffes, des conférences ont lieu entre les fabricants et les chefs des rayons intéressés. On discute les mérites respectifs et les chances des quadrillés, des rayures larges ou étroites, des unis et des nuancés. Quand le Conseil a statué, les chefs de rayons se mettent en route et visitent, pour recueillir des offres ou faire des commandes, tous les grands centres de fabrication : Lyon pour les soieries, — Roubaix et Reims pour les lainages, — Elbeuf et Sedan pour les draps, — Calais pour les dentelles, — Armentières, Cambrai et les Vosges pour les toiles fines et le linge de table, — partout enfin où les appelle une spécialité reconnue ou une réputation de bon aloi.

Les expositions et les catalogues.

La marchandise est arrivée; elle est répartie entre les comptoirs, elle n'attend plus que le client : comment faire venir celui-ci? c'est l'œuvre de la publicité. On ne compte pas exclusivement sur les journaux pour obtenir ce résultat. Le moyen le plus efficace consiste à placer la marchandise elle-même sous les yeux du client par une exposition publique, à permettre ainsi de la voir, de la

Au comptoir de Ganterie.

palper, de se rendre compte de ce qu'elle vaut. Le Bon Marché organise, tous les ans, douze de ces expositions, où la foule accourt et qui sont de véritables foires. La composition varie suivant la saison : en février les blancs et la ganterie, en mars les nouveautés de printemps et les costumes, en mai les toilettes d'été, en septembre les tapis et les ameublements, en octobre les toilettes d'hiver, en décembre les jouets et les articles d'étrennes. Cette dernière a le privilège de faire venir des légions d'enfants et la foule des donneurs d'étrennes qui ne visitent guère en temps ordinaire les magasins de nouveautés.

Mais il y a des gens qui craignent la foule ou qui n'aiment pas à se déplacer, il y a la province dont il faut provoquer les ordres : de là l'adoption d'un second mode de publicité. Des catalogues illustrés, souvent fort volumineux, contenant la nomenclature détaillée, avec indication des dimensions et des prix, de tous les articles mis en vente, sont imprimés en nombre considérable pour être expédiés en province et à l'étranger; mais ils ne sont point distribués sans discernement. Un service spécial recueille le nom et l'adresse de toute personne qui a eu, une fois, affaire au Bon Marché; c'est à ces clients, présumés fidèles et qui justifient souvent cette prévision, que les catalogues sont adressés en premier lieu; ils ne sont refusés à aucune des personnes qui les demandent. Mais ces catalogues, si explicites qu'ils puissent être, ne sauraient faire apprécier le mérite d'une étoffe : on voudrait la voir, on souhaite un échantillon. Qu'à cela ne tienne, le service des échantillons est là qui fonctionne sans relâche. Des machines découpent en bandes étroites, puis en petits carrés, des pièces entières de toutes les étoffes mises en vente : un bataillon de 120 à 150 jeunes filles fixe ces carrés sur des cartes toutes pré-

DÉPOUILLEMENT DE LA CORRESPONDANCE.

parées, et voilà des milliers d'échantillons prêts à être expédiés à quiconque en a réclamé l'envoi.

   Des échantillons ne vous suffisent pas : vous voulez des explications, peut-être des conseils? Vous voulez savoir s'il est possible de satisfaire une fantaisie qui a traversé votre esprit. Vous souhaitez un morceau d'un tissu qui vous a séduite l'an passé. N'hésitez pas, madame, à écrire. Qu'est-ce qu'une lettre de plus ou de moins dans l'avalanche de lettres qui, chaque matin, s'abat sur le Bon Marché : ce courrier, on ne le compte pas, on le pèse pour calculer approximativement, s'il dépasse 50 kilos, le nombre d'auxiliaires qu'il faut faire monter pour dépouiller la correspondance ; car la besogne doit se faire rapidement. De 5 à 6,000 lettres sont étalées sur une grande table, devant 250 commis ; elles sont immédiatement ouvertes, classées et distribuées entre les divers services, suivant leur objet. 2,000 lettres en moyenne sont des commandes qui doivent être expédiées avant la fin de la journée, parce qu'il serait impossible de rejeter le travail d'un jour sur l'autre sans arriver à l'encombrement et au désordre. Quant aux lettres de demandes de renseignements, le chef de rayon indique en marge la substance de la réponse à donner, et le reste est l'office d'un Bureau de la correspondance. Ce Bureau est exclusivement composé de dames qui sont pourvues du brevet du premier degré ou du brevet d'enseignement supérieur ; un certain nombre y joignent le brevet pour les langues étrangères. Ce sont ces dames qui rédigent les lettres et les écrivent de leur belle main. On a pensé que des femmes sauraient mieux pénétrer la pensée des clientes, trouver à coup sûr les expressions propres à la langue féminine, expliquer par des raisons saisissantes les mérites du rouge *Tour Eiffel*, — dans quel cas

on peut risquer le rouge *Écrevisse* et surtout désabuser du
gris *Souris effrayée*, qui a eu son heure de vogue, mais
que rien ne peut relever de la condamnation qui l'a
frappé.

Les femmes, on le voit, et surtout les jeunes personnes Soins au personnel.
tiennent une certaine place dans l'organisation du Bon
Marché; beaucoup de besognes ou peu fatigantes ou
délicates leur sont exclusivement confiées. Elles-mêmes
sont l'objet des soins les plus attentifs. Rien n'est
épargné pour leur assurer, dans leurs rapports avec de
nombreux employés, le respect et les égards qui leur
sont dus. Elles ont un réfectoire particulier, des cours
spéciaux. leur salon de lecture et de récréation où elles
peuvent faire entre elles de la musique.

Celles qui n'ont pas leur famille à Paris sont
logées, au nombre de 150, dans l'ancien hôtel particulier de Mme Boucicaut, où elles occupent chacune une
chambre proprette, en pleine lumière et bien aérée.
Elles sont soumises à un règlement dont la stricte
observation est exigée. L'installation et la surveillance
de ce bataillon féminin étaient un objet constant de
sollicitude pour Mme Boucicaut, et l'on reconnait, dans
l'ensemble des mesures prescrites par elle, une mère
intelligente.

Il n'est pas pris un moindre soin des jeunes employés
qui n'ont ni famille, ni correspondant à Paris et qui sont
logés rue de la Chaise, n° 22, dans un immeuble aménagé tout exprès par la Maison. Logement, service, nourriture, soins médicaux, cours de langue et de musique
vocale et instrumentale: tout est gratuit. Des prix sont
décernés régulièrement pour stimuler l'émulation, et ceux
des jeunes gens qui se distinguent particulièrement dans
l'étude de l'anglais vont passer six mois à Londres,

LE SALON DES DEMOISELLES

Les cours de musique vocale et les répétitions du
choral, pour les demoiselles, ont lieu les mercredis et
vendredis, à huit heures et demie du soir, dans leur salon
de réunion, rue du Bac, 115.

aux frais de la maison, pour se perfectionner dans l'usage
de la langue anglaise.

*
* *

Ce sont là les titres qui ont valu à la maison du Bon **Récompenses.**
Marché des récompenses éclatantes. Le Jury de l'Exposition
universelle de 1878 avait décerné le diplôme d'honneur
aux institutions établies par elle pour favoriser le progrès
matériel et moral de ses employés. A l'Exposition universelle de 1889, dans la classe d'Économie sociale, il lui a été
décerné *deux grands prix :* l'un dans la section II —
Participation aux bénéfices, — l'autre dans la section XIV
— Institutions patronales; — *une médaille d'or* dans la
section VI pour sa Caisse de Retraites; — *une médaille
d'argent* dans la section XII — Institution des cercles
ouvriers. En même temps l'Académie des sciences
morales et politiques attribuait au Bon Marché *une
des médailles d'or du prix Audéoud,* destiné par le
fondateur « à encourager les études, les travaux et les
services relatifs à l'amélioration des classes ouvrières et
au soulagement des pauvres ».

Le Bon Marché n'a pas été moins bien partagé sous
le rapport industriel. Il a obtenu *deux médailles d'or,*
l'une dans la classe XXXV, pour ses trousseaux et
layettes, l'autre dans la classe XXXVI pour ses costumes
et confections pour dames, *une médaille d'argent* dans
la même classe pour ses modes et coiffures, *une médaille
de bronze* pour ses vêtements d'hommes et de garçons,
et enfin, *une médaille d'argent* dans la classe XVIII pour
ses articles d'ameublement. Toutes les branches de sa
production directe ont été distinguées et ont été l'objet de
récompenses.

* *

Il nous est impossible de quitter ce sujet sans dire quelques mots de certaines critiques adressées aux établissements de la nature du Bon Marché. On leur reproche d'embrasser à la fois plusieurs branches de commerce, d'étendre démesurément leurs opérations et de rendre l'existence impossible aux petits établissements, incapables de soutenir une lutte trop inégale. Quelques personnes vont même jusqu'à réclamer une intervention législative, comme si le fait dont elles se plaignent n'était pas le résultat inévitable de la concurrence qu'on ne saurait supprimer sans supprimer la liberté commerciale! On est en présence d'un fait qui, non seulement n'est pas particulier à notre pays, mais qui s'est produit en Angleterre, en Écosse, aux États-Unis, avant de se manifester en France. Partout où les affaires commerciales ont acquis un certain degré d'activité et où l'on s'est rendu compte de la puissance des capitaux, on a considéré la possession d'un capital important comme un élément de succès, et l'on a cherché dans l'utilisation constante de ce capital et dans la multiplication des opérations un accroissement des profits ordinaires du négoce. La création de vastes établissements, où les produits les plus divers sont réunis, où le public est sans cesse sollicité de se rendre, et qui, par conséquent, ne connaissent point de morte-saison, est le résultat d'une tendance générale à notre époque ; et la France ne pouvait faire exception à cet égard. Tout ce qu'on a droit d'exiger de ceux qui descendent dans l'arène commerciale, c'est de se conformer aux lois et de ne recourir à aucun procédé déloyal. La concurrence que les grands établissements font aux maisons secondaires n'est victorieuse que parce qu'elle est profitable au public dont elle sert l'intérêt ou dont elle satisfait les goûts d'une façon plus complète. Avoir le choix dans un grand assortiment et pouvoir revenir sur ce choix s'il est trop précipité sont des garanties précieuses pour le client; — acheter à meilleur compte est une économie d'argent; — pouvoir faire dans la même maison plusieurs emplettes, dont chacune autrefois aurait exigé une course spéciale, est une économie de temps et d'argent. Tels sont les avantages indiscutables qui ont créé la clientèle des grands magasins.

Ces établissements peuvent vendre à bon marché parce que la première source de leurs bénéfices se trouve dans la réduction des frais généraux. Un vaste local bien aménagé coûtera moins cher comme loyer, comme contributions, comme frais d'éclairage et d'entretien que vingt magasins de second ordre et il pourra contenir plus de marchandises. Si un établissement avec 100 employés fait autant d'affaires que vingt maisons à dix employés chacune, il aura la moitié moins de personnel à rétribuer et il réalisera de ce seul chef une économie très importante. Ajoutons qu'il utilisera d'une façon plus constante le temps et les aptitudes diverses de son personnel. Les pertes d'intérêt, causées par les crédits, entrent pour une proportion notable dans les frais des commerçants ordinaires : elles sont supprimées pour les grands établissements par le système de vendre exclusivement au comptant ; et la rentrée quotidienne de sommes importantes reconstitue sans cesse pour ces établissements des disponibilités d'argent qui leur permettent de profiter de tous les bons marchés et de provoquer des rabais par l'offre d'un payement immédiat. Ce renouvellement continuel des opérations, cet emploi constant du même capital qui n'est jamais inactif, aboutissent par l'accumulation de bénéfices même minimes à un produit considérable. Acheter à bon marché parce qu'on a toujours de l'argent disponible,

vendre à bon marché pour écouler promptement la marchandise et recommencer le plus tôt et le plus souvent possible; il n'y a dans cet enchaînement de faits rien qui soit
anormal, rien qui ne soit conforme à la marche naturelle
des choses.

Où est l'intérêt supérieur qui commanderait à l'État
d'intervenir en une matière qui n'est point de son domaine?
d'opposer des obstacles légaux au cours régulier des
affaires, et de priver le public des avantages que la concurrence lui assure? Où l'État en puiserait-il le droit? Où en
trouverait-il les moyens sans porter une atteinte violente
à la liberté des transactions?

Mérites de ces éta-
blissements.

Si on se place, comme on le doit faire pour être impar-
tial, au point de vue de l'intérêt général, on ne saurait se
préoccuper uniquement des commerçants qui se plaignent
de la concurrence : il faut songer au public qui en bénéficie;
il faut aussi tenir compte des nombreux fabricants de tout
ordre dont les usines sont alimentées par les commandes
des grands établissements. Ceux-ci peuvent seuls assurer
aux fabricants une occupation régulière et constante.
Nombreuses sont aussi les industries dont l'assistance de
leurs puissants capitaux a permis l'éclosion ou dont elle a
développé l'activité. Que de fabricants ne songeraient point
à transformer leur matériel ou reculeraient devant l'acqui-
sition d'un métier perfectionné, si une commande de quelque importance ne venait mettre fin à leurs hésitations!
L'influence des grands établissements s'exerce donc dans
un sens favorable au progrès industriel : elle tourne, par
conséquent, au profit de la richesse nationale et du bien
public.

Il est un point sur lequel aucune contestation n'est possible : nous voulons parler des services que les grandes
maisons, comme le Bon Marché, rendent à notre commerce

d'exportation. On sait combien ce commerce est timide, combien il se décourage aisément en face de rivaux plus aventureux, combien il a besoin de débouchés dans l'intérêt de notre production nationale, et combien il fait peu d'efforts pour s'en ouvrir de nouveaux. Autrefois, on essayait de suppléer à son impuissance par la constitution de compagnies investies de privilèges et de monopoles : aujourd'hui, on cherche à le stimuler par l'établissement de Chambres de commerce à l'étranger. Les grandes maisons, comme le Bon Marché, sont plus entreprenantes que nos industriels : elles se créent des relations au dehors; elles y font des envois, quelquefois considérables; elles forcent l'entrée des marchés, et nos fabricants n'ont plus qu'à les suivre dans les voies qu'elles ont frayées. On ne saurait méconnaître l'importance des relations établies par les acheteurs qu'elles envoient à grands frais au dehors et jusque dans les pays réputés fermés à notre civilisation et à nos arts, en Perse, aux Indes, en Chine, au Japon, etc. Ces acheteurs, partout bien reçus parce qu'ils arrivent l'argent à la main, étudient les habitudes, les goûts, les besoins du pays qu'ils visitent, et rapportent des indications qu'on peut mettre à profit pour des envois de marchandises; mais ces résultats ne s'obtiennent qu'au prix de dépenses que les grands établissements sont seuls en état de supporter.

On critique l'existence de ces établissements à un autre point de vue : on les accuse de créer des germes de mécontentement social. Chacun d'eux, dit-on, prend la place de trente ou quarante maisons de commerce qui toutes auraient eu un chef. Voilà donc autant d'employés qui perdent la chance de devenir patrons à leur tour; on leur enlève le stimulant le plus puissant, l'espoir d'arriver un jour à l'indépendance et à la fortune; on les voue à perpétuité à la condition de simples commis. Peuvent-ils être satisfaits d'un état social où l'avenir leur est fermé?

La réduction du nombre des magasins entraîne, il est vrai, une réduction correspondante dans le nombre des patrons; mais il n'est pas démontré qu'une maison qui, au lieu de chercher à vendre un certain nombre d'articles dans des conditions manifestes d'infériorité, se concentrerait dans une spécialité et chercherait à y exceller, ne puisse se défendre sur ce terrain, et se créer, à côté des grands établissements, une clientèle suffisante pour prospérer. Seulement il ne suffit pas, pour réussir, de pendre une enseigne au mur et de s'installer derrière un comptoir; il faut de la peine, de l'intelligence et du temps. Il faut surtout se bien rendre compte que le commerce doit se transformer selon les goûts et les nouvelles habitudes du public.

Tenons toutefois pour établi le grief qu'on articule; est-il admissible que, sur un personnel de deux ou trois mille employés, tous, hormis un seul homme, soient voués à perpétuité à une position subordonnée et dépourvue de garanties? Ne faut-il pas, pour conduire un pareil régiment, tout un état-major? Quelles considérations guideront dans le choix de cet état-major? L'intérêt même de la maison exige qu'on recherche la probité, l'intelligence et l'activité : or cet état-major ne trouverait-il point, dans les qualités qui l'auraient fait choisir, des garanties de sécurité et d'avancement?

Il y a mieux. Est-ce uniquement le titre de patron qui tient au cœur de l'employé? N'est-ce pas plutôt d'arriver par son travail et sa bonne conduite à l'aisance, peut-être à la fortune, au moyen des bénéfices réalisés dans l'exercice de sa profession?

Pourquoi cette espérance lui serait-elle interdite dans

un grand établissement comme le Bon Marché? Le mérite
de l'organisation exposée dans les pages qui précèdent est
que la prospérité de la maison est assise sur le dévouement,
mais aussi sur le contentement de tous les coopérateurs de
toutes classes.

Que faut-il, dans cette organisation, pour que l'employé
le plus modeste soit assuré de sa position? Il suffit qu'il soit
probe, assidu, exact et dévoué aux intérêts de la maison,
c'est-à-dire qu'il fasse son devoir d'honnête homme. A ce
prix, non seulement sa position est sûre, mais la Prévoyance lui forme un petit capital pour les mauvais
jours, et la Caisse de retraites pourvoit aux besoins de sa
vieillesse.

A un degré plus élevé de l'échelle, un employé joint-il,
à des connaissances suffisantes et à l'expérience de sa profession, de l'intelligence, de l'activité et l'ambition de par-
venir? Il peut devenir chef d'un rayon, ce qui équivaut
presque à avoir la direction d'une maison de commerce,
tant la sphère ouverte à son activité s'élargit, tant est nombreux le personnel sous ses ordres : son traitement devient
considérable et sa part dans les bénéfices s'accroît en proportion. Mais il peut monter plus haut encore, il peut
arriver, au Conseil d'administration et même entrer dans
le Conseil de direction. Est-il exact de dire que l'avenir
soit fermé devant un employé qui peut parcourir une
pareille carrière? Par son traitement, par l'intérêt qui lui
est attribué sur les affaires, il a, dans ces grades élevés,
les avantages matériels qu'il aurait pu espérer en fondant
une maison; il n'aventure aucune partie de son avoir
personnel, il n'encourt aucune responsabilité; il n'a point
à appréhender les mauvaises saisons, les crises commerciales : tous les risques sont pour la maison.

On peut comparer ces grands établissements à une
ruche où toute abeille jouit du miel qu'elle a fait. L'employé,

en retour de son zèle et de sa peine, obtient la sécurité du présent et de l'avenir et peut espérer la fortune. Tous sont intéressés à ce que la maison prospère, tous comprennent qu'il faut lui donner tout leur zèle; et elle ne prospère qu'à cause de ce dévouement qui prépare lui-même sa récompense. N'est-ce pas là une des meilleures formes que puisse revêtir l'association du travail et du capital? Et la justice n'est-elle pas satisfaite, puisque tous ces associés sont rémunérés suivant leur valeur et leurs mérites?

Le temps, qui modifie toutes choses, amènera sans doute des changements dans l'organisation industrielle et commerciale; mais quelles que soient ces transformations, l'avenir ne sera jamais fermé pour l'intelligence, le travail et la probité.

CUCHEVAL-CLARIGNY.
Membre de l'Institut.

DEUXIÈME PARTIE.

Il nous reste maintenant à faire connaître l'ensemble des installations qui permettent à la Maison du *Bon Marché* de faire face, avec un ordre merveilleux et une rapidité sans exemple, à l'immense mouvement d'affaires que chaque jour amène.

Les Magasins du Bon Marché, qui faisaient à l'origine le coin des rues de Sèvres et du Bac, forment aujourd'hui un îlot complet, limité par quatre rues : — la rue de Babylone, au nord; — la rue du Bac, à l'ouest; — la rue de Sèvres, au sud; — et la rue Velpeau, à l'est. C'est là que se trouvent les magasins de vente et d'expéditions, les services administratifs et les caisses, les cuisines et les réfectoires, les magasins de réception et de livraison des marchandises, les réserves, etc. ; enfin, en sous-sol, les machines pour l'éclairage électrique.

La première annexe, où se trouvent les bâtiments qui servent à loger le personnel féminin, tient, par sa façade ouest, à la rue du Bac, nᵒˢ 113, 115, 117; — par sa façade sud à la rue de Babylone, 16; — à la rue Chomel à l'est. Cette annexe contient les écuries du Bon Marché.

Enfin la deuxième annexe est située au nᵒ 106 de la rue du Bac. Elle comprend le service de l'ameublement, des tapisseries et des réserves. Le corps de bâtiment en bordure sur la rue du Bac contient des appartements et des chambres affectés au logement d'une partie du personnel masculin employé dans les établissements.

La superficie occupée par le bâtiment principal est de

9,696^{m²},88 Les façades sur les quatre rues présentent un développement d'environ 420 mètres, y compris celui de quatre angles disposés en tourelles.

La superficie occupée par les constructions de la première annexe est de 2,832^{m²},77.

Enfin, la superficie occupée par la maison n° 106, tant en cours qu'en bâtiments, est de 2,038^{m²},20.

Soit pour l'ensemble des immeubles une surface totale foncière de 14,567^{m²},85.

**

Nous allons examiner successivement ces trois bâtiments au point de vue spécial de leur construction et de leur aménagement, d'une façon très rapide et très sommaire, en ne nous attachant qu'aux renseignements qui peuvent éclairer le lecteur sur l'importance de chacun d'eux au sujet des services auxquels ils sont affectés; nous nous aiderons pour cet exposé, peut-être un peu aride, des indications que nous a fournies sur place M. Boileau, l'architecte distingué qui a présidé à la transformation du Bon Marché, dont il dirige depuis de longues années les constructions nouvelles et l'entretien. M. Boileau est un architecte de race, dont le père a été l'un des promoteurs de l'emploi du fer dans les constructions civiles, ainsi que le témoigne l'église Saint-Eugène qu'il a édifiée à l'angle des rues Sainte-Cécile et du Conservatoire, et dont la construction remonte aux premières années du règne de Napoléon III. — Plusieurs autres édifices du même genre, étudiés et construits par M. Boileau père, ont été décrits dans les annales de M. Oppermann, et ces études ont servi de point de départ aux applications des charpentes métalliques dans les constructions modernes. — M. Boileau était à bonne école pour se familiariser de bonne heure avec ces combinaisons élégantes et hardies, et il en a fait une application des plus remarquables dans la reconstruction des Magasins du Bon Marché. Nous allons tâcher d'en donner une idée aussi claire que possible.

Nous commencerons par le bâtiment principal ayant Bâtiment principal. ses façades importantes sur la rue de Sèvres et la rue du Bac. En résumé, l'ossature générale de cette immense construction se compose de quatre corps de bâtiments *de reinture,* donnant sur les quatre rues qui en limitent l'emplacement, et de dix corps de bâtiments *transversaux* qui servent à réunir entre eux les bâtiments de ceinture, et qui se relient également les uns aux autres, en divisant l'espace en une série de halls ou d'emplacements vitrés qui constituent dans leur admirable ensemble le vaste magasin que chacun connaît. Aux quatre extrémités ont été aménagées quatre portions circulaires surmontées par des dômes de l'effet architectonique le plus hardi et le plus heureux.

Tous ces corps de bâtiments enserrent ainsi quatorze halls vitrés à hauteur du plancher du deuxième étage, et une cour à ciel ouvert au n° 5 de la rue de Babylone. Le jour et l'air sont en outre distribués aux étages supérieurs par une courette vitrée à hauteur du plancher, une courette de ventilation et une autre courette partant du troisième étage.

L'un des bâtiments en façade, celui qui porte le n° 5 dans la rue de Babylone, est construit et aménagé comme une maison de rapport. Il présente 264 mètres superficiels. Il est monté sur caves et comporte : — un rez-de-chaussée à usage de boutique avec une loge de concierge et passage de porte cochère ; — cinq étages à usage d'appartements, — et un sixième étage lambrissé pour chambres de domestiques.

Ce bâtiment, le dernier acquis par Mme Boucicaut, appartenait à un particulier.

Tous les autres bâtiments de l'îlot, sans exception, sont aménagés pour magasins de vente et pour les services du magasin. — Ils se composent d'abord d'un sous-sol qui occupe tout l'îlot et qui a par conséquent 9,696 mètres carrés de surface; plus un deuxième sous-sol de 3,154 mètres carrés. Le rez-de-chaussée, déduction faite de la cour à ciel ouvert, présente une surface de 9,474 mètres carrés. — Puis viennent deux étages de magasins, — auxquels on accède par des escaliers monumentaux en fer ou des ascenseurs mécaniques du système Édoux, — et qui occupent chacun 6,550 mètres de superficie, défalcation faite des escaliers, balcons et passerelles qui servent de communication. L'air et la lumière circulent abondamment dans cette immense nef qui, le soir, à la lumière des lampes Cance, présente un aspect véritablement féerique.

Au-dessus des magasins sont aménagés deux étages pour toutes les manutentions et les ouvriers de tous les corps d'état qui s'occupent spécialement de la lingerie et du vêtement. Ces étages contiennent, en outre, les cuisines et les réfectoires. Ils occupent également une surface de 6,550 mètres carrés chacun.

Enfin ils sont surmontés d'un cinquième étage lambrissé, de 1,250 mètres superficiels.

Si nous récapitulons la surface disponible occupée par les magasins de vente, les salles des divers services et des manutentions dont dispose le Bon Marché dans le seul îlot circonscrit, aux rues de Sèvres, du Bac, de Babylone et Velpeau, nous trouvons le chiffre énorme de 52,800 mètres carrés.

Ces bâtiments sont d'une construction spéciale, en général, sans murs de refend ni distributions intérieures. Cette construction ne comporte presque partout, pour ses points d'appuis solides, que des piliers en fer ou en

pierre et des colonnes en fonte; tous les planchers et les
combles sont en fer, sauf une partie à l'angle de la rue de
Sèvres et de la rue Velpeau, où les planchers du quatrième
et les combles sont en bois.

Les façades sont disposées en devantures de boutique
pour le rez-de-chaussée et le premier étage. La construction, solidement assise sur de robustes poitrails en fer, est
en pierre de taille, sauf pour la moitié environ de la façade
de la rue de Sèvres et toute celle de la rue Velpeau qui
sont en briques ravalées de plâtre.

Les toitures sont à doubles pentes sur les rues, et —
comme nous l'avons indiqué — en forme de dômes aux
quatre angles. Au-dessus de la porte de Sèvres, la couver-
ture est en ardoises avec lucarnes, œils-de-bœuf, châssis,
membrons, chéneaux et arêtiers en zinc orné. Les balcons
sont en fer forgé. Tous les combles sont reliés entre eux
au moyen d'un chemin de service avec garde-fous, pour
la surveillance de jour et de nuit par les pompiers spécialement attachés à l'établissement.

Quant aux quatorze halls vitrés interceptés par les
bâtiments transversaux, dont nous avons indiqué la disposition, leurs combles sont à double enveloppe, dont l'une,
formant plafond, est toute en fer avec châssis de prise d'air
en fer forgé, cuivre ou zinc découpé, prises d'air vitrées,
chemins de service, rails pour stores, barres de nettoyage
et chemins de chéneaux.

Tout le long du bâtiment de la rue de Sèvres, couvrant
le trottoir de cette rue, est une marquise vitrée qui se
retourne jusqu'au dehors des parties en tourelles situées
aux deux extrémités de cette façade.

Au milieu de la façade de la rue de Sèvres, on
a construit une porte monumentale en pierre : rue du
Bac, la porte du milieu de la façade est en bois et cuivre
avec marquise vitrée. Rue de Babylone, entre le n° 5

et la tour d'angle de la rue Velpeau, est une autre grande porte en bois et en mosaïque avec marquise vitrée.

A toutes les tours d'angle on a aménagé des portes de service.

Enfin, rue de Babylone, se trouve une porte cochère.

Annexe, rue de Babylone.

Cette annexe se compose de la réunion de plusieurs immeubles qui ont été soudés et remaniés pour un usage général, et dont l'ensemble présente, sur les rues du Bac, de Babylone et Chomel un développement total de 109 mètres. Ces remaniements, très bien étudiés, parfaitement entendus, font le plus grand honneur à M. Boileau.

Un premier bâtiment, ayant sa façade sur la rue du Bac, occupe le n° 113 de cette rue.

Le deuxième immeuble, ayant également sa façade sur la rue du Bac, porte le n° 115.

Le troisième immeuble, qui forme l'angle de la rue de Babylone et de la rue du Bac, porte, sur cette dernière rue, le n° 117.

Le quatrième immeuble fait l'angle de la rue de Babylone, au n° 16 de cette rue, et de la rue Chomel.

Le cinquième corps de bâtiment est en aile attenant au n° 115 de la rue du Bac.

Le sixième bâtiment règne au fond de la cour au n° 115.

Au devant de ce bâtiment, la cour, jusqu'au bâtiment précédent, est couverte d'un grand comble en fer vitré. Cette cour est pavée et le service des eaux de lavage et de rinçage des voitures, comme de celles qui sont indispensables pour les écuries, est assuré par le fonctionnement d'une pompe plongeant dans un puits de 60 mètres de profondeur, et par des bornes-fontaines, en nombre suffisant pour parer, dans la plus large mesure, à tous les besoins.

Cette annexe est formée par un immeuble récemment acquis par la maison du Bon Marché et aménagé, à l'usage de vastes ateliers et magasins de livraison et de réserve spécialement affectés à l'ameublement et à la tapisserie. Quant à la partie du bâtiment en façade sur la rue du Bac, elle a été simplement distribuée de façon à loger une grande partie du personnel masculin employé dans l'établissement.

On aura une idée de l'importance des ateliers contenus dans les corps de bâtiments latéraux en apprenant que plus de 220 ouvriers ou employés y sont occupés chaque jour à l'échantillonnage, au découpage et au montage des tapis et rideaux.

Le bâtiment sur la rue est à cinq étages sur caves à usage d'appartements.

Les deux bâtiments construits dans la cour perpendiculaires au bâtiment de la façade, et s'appuyant à droite et à gauche sur les immeubles voisins, sont établis en fer et briques.

Ils sont réunis par un vaste magasin avec comble en fer vitré monté sur sous-sol et servant de réserve pour tapis, moquettes, etc., et dans lequel se trouve un ascenseur.

Annexe, rue du Bac, 106.

*
* *

Il nous est bien difficile de quitter cette aride nomenclature de constructions, car c'est en effet plutôt une nomenclature qu'une description, sans rendre hommage au savoir et au goût de l'architecte sur les dessins duquel elles ont été édifiées ou pour mieux dire, entièrement remaniées, ce qui est certainement plus difficile et plus laborieux encore.

L'idée que M. Aristide Boucicaut, et sa veuve après lui, ont constamment poursuivie avec une opiniâtreté et une ténacité qui devaient fatalement en amener la solution, a été d'embrasser un jour tout l'îlot que nous avons indiqué et d'y créer un établissement grandiose et modèle qui fût convenablement aménagé et agencé pour les besoins de leur commerce. Ces prémisses posées, en attendant la réalisation de leur projet, ils ont dû se préoccuper de l'exécution future, et conséquemment étudier à l'avance les dispositions, tout au moins générales, qu'il convenait d'adopter pour l'organisation des services. Nous nous figurons bien que des conférences multipliées ont dû être tenues entre le chef de l'établissement, les collaborateurs qu'il avait réunis autour de lui et qu'il avait intéressés à son œuvre par l'admirable organisation dont il a été rendu compte avec tant d'autorité au commencement de cette Notice. C'est dans ces conférences où l'on faisait appel à ses connaissances techniques pour approprier les moyens et les méthodes de l'art de l'architecte et de l'ingénieur à ces exigences nouvelles d'un genre de commerce tout nouveau, que M. Boileau s'est trouvé aux prises avec les difficultés de ce redoutable problème et qu'il a procédé à l'étude de leur solution. Qui peut dire le nombre de solutions entrevues par lui, la quantité d'études qu'il a faites, de projets qu'il a élaborés! Ce travail opiniâtre devait porter ses fruits, et lorsque la réalisation des projets conçus et poursuivis par M. et Mme Boucicaut est devenue possible, tout était prêt pour les mettre à exécution. Nous ne surprendrons personne, — surtout ceux de nos lecteurs qui sont familiers avec les travaux publics, — en disant que les difficultés inhérentes à l'œuvre elle-même se trouvaient considérablement augmentées, par cette condition qu'il fallait opérer successivement et par parties, et sans interrompre aucun des services en fonction, et que, le progrès marchant chaque jour, il fallait fréquemment modifier les dispositions prévues afin de mettre les Magasins du Bon Marché à la hauteur de ces progrès de la science moderne, introduire des manutentions mécaniques partout où cela était praticable, et, par-dessus tout, adapter l'énergie électrique à l'éclairage de ce Palais de la mode et du bon goût.

M. Boileau a exécuté avec un succès complet cette œuvre merveilleuse. Il a construit des bâtiments d'une solidité à toute épreuve, malgré des difficultés de fondation sur lesquelles nous aurons à revenir. Il a eu des combinaisons architectoniques très heureusement en accord avec les règles fondamentales de la résistance des matériaux employés, et, chaque fois que cela a été nécessaire, il a su les relever par des ornements de bon goût et d'une délicate fantaisie.

Tels qu'ils sont édifiés et aménagés aujourd'hui, les Magasins du Bon Marché font, à bon droit, l'admiration des visiteurs et, ce qui vaut mieux encore pour la gloire de leur architecte, ils attirent à juste titre l'attention et l'approbation des constructeurs et des ingénieurs.

*
* *

Nous allons terminer cet aperçu par quelques détails sur les fondations, les machines et appareils pour l'éclairage, les écuries, les cuisines, le service des pompiers.

Disons quelques mots des fondations.

Le premier sous-sol est occupé tout entier par la réception des marchandises, le service des paquets pour Paris, et des réserves où viennent s'approvisionner les rayons chaque fois qu'ils se trouvent à court pour la vente.

Fondations.

Dans le deuxième sous-sol, outre les caves des cuisines, on a placé tous les services qui pouvaient faire courir des risques d'incendie, savoir : les caves à bois et à charbon, les calorifères et les machines à vapeur qui servent à produire la lumière électrique.

Le sol de la rue du Bac (33 mètres au-dessus du niveau de la mer) n'est pas très élevé par rapport à la Seine. C'est un terrain d'alluvion, tout en sable jusque vers la rue de Rennes, où filtrent les eaux qui descendent du plateau de Châtillon. Dans les années des crues de la Seine, le dallage du deuxième sous-sol du Bon Marché est presque à fleur d'eau. Les calorifères et les générateurs de vapeur devaient avoir leurs fondations deux mètres au-dessous de ce niveau. On a dû se préoccuper de les mettre à l'abri des inondations.

Les bétons et les ciments n'ayant pas donné de bons résultats, on a pris le parti d'établir ces calorifères et ces générateurs dans des cuves étanches en fer. C'est une fondation par caissons ordinaires en fer dans lesquels on a dragué l'espace que devaient occuper les chaudières, et leurs fondations établies sur un sol de sable infiniment résistant.

Les caissons des calorifères ont six ou sept mètres de largeur sur dix de longueur. Pour les générateurs, les caissons ont vingt mètres de long sur huit de large; enfin on a construit les machines à vapeur de la grande salle dans une cuve de dix-huit mètres sur quinze, et deux mètres de profondeur.

L'eau nécessaire aux services de la maison et à l'alimentation des machines à vapeur, est fournie par deux puits forés, l'un à soixante-quinze mètres de profondeur, l'autre à cent mètres. Des pompes à vapeur installées au deuxième sous-sol y puisent l'eau et la montent dans de grands réservoirs placés sur les toits, et contenant ensemble

environ cent cinquante mille litres. C'est de là que partent
les canalisations qui distribuent l'eau dans toutes les parties du bâtiment. Ces puits ont été forés à la façon ordinaire.

Les machines servant à produire l'électricité sont, *Électricité.*
comme nous l'avons dit, installées au deuxième sous-
sol, dans deux salles reliées par un grand corridor et des
réserves pour les lampes, les charbons, l'huile, les ateliers
de réparation. et des soutes à charbons.

L'ensemble occupe une superficie d'environ deux mille
cinq cents mètres.

La première salle construite — qu'on appelle salle
Bac — contient six générateurs à vapeur, quatre machines
à vapeur d'une force totale de trois cent soixante-quinze
chevaux, et des machines dynamo-électriques en rapport
avec cette force. La seconde — appelée *salle Sèvres* — a été
construite en 1887; elle contient sept générateurs, quatre
machines donnant ensemble six cents chevaux, et vingt-
quatre dynamos. Des tableaux placés sur les parois verti-
cales de ces salles, et reliés aux dynamos, indiquent les
variations de chaque lampe et leur consommation en volts
et en ampères. Plusieurs de ces tableaux servent spécialement à la *commutation*. c'est-à-dire que, par la disposition des câbles qui y aboutissent, ils permettent, au
moyen de leviers, de mettre n'importe quel dynamo sur
n'importe quelle machine à vapeur et toute lampe sur
n'importe quel dynamo; quelle que soit la machine en
marche, on peut donc éclairer telle partie du magasin que
l'on veut.

Le service est organisé pour se continuer sans interruption jour et nuit. le jour avec des quantités variables
de lumière, selon le besoin ; la nuit avec un nombre spécial de lumières dispersées dans toute la maison et notamment près des secours contre l'incendie.

Ces dernières sont vertes; celles à proximité des

extincteurs sont rouges; toutes les autres, qui servent à
éclairer les veilleuses, sont blanches.

Pour assurer ce service non interrompu de jour et de
nuit, on a établi un roulement entre les mécaniciens et les
chauffeurs. Il y a, aux heures les plus chargées, huit mécaniciens, dix chauffeurs sous les ordres d'un mécanicien
en chef et de deux sous-chefs. Un ingénieur électricien,
ancien élève de l'École centrale, est attaché à la maison; il a
la direction de ces mécaniciens et chauffeurs ainsi que
celle des gaziers électriciens qui font le service dans les
magasins.

Tous les dimanches, on voit rue du Bac une file de
voitures chargées de charbon. Les sacs de chaque voiture
sont jetés dans une glissière tubulaire qui les porte à la
soute à charbon établie entre les deux salles de machines.
C'est une cave au deuxième sous-sol de trente ou quarante
mètres de longueur qui peut contenir deux cents tonnes de
charbon. Elle est desservie par des wagonnets roulant sur
une voie ferrée aboutissant aux cuves des générateurs. La
consommation en charbon dépasse 4,000 tonnes par année.

Les moteurs sont des machines horizontales fixes
du système Corliss, à condensation. Elles sont établies
sur d'énormes pierres de roche, scellées elles-mêmes sur
de grands massifs en meulière et ciment. Les machines
sont fixées sur ces pierres au moyen de boulons qui les
traversent de part en part. Les paliers des arbres de trans-
mission sont également ancrés dans le sol sur des fondations analogues. Ces assises sont indépendantes des
assises de la construction, de façon que les trépida-
tions ne puissent se propager dans le bâtiment. Nous
avons vu que les quatre machines de la grande salle ont
été établies dans un caisson en fer; leurs fondations
consistent en un massif de 250 mètres superficiels qui
occupe tout le fond de la cuve.

SALLE DES MACHINES. — SERVICE DE L'ÉCLAIRAGE ÉLECTRIQUE.

Les Magasins du Bon Marché ont huit étages en y comprenant les deux sous-sols. Le rez-de-chaussée, le premier et le deuxième étage, réservés à la vente, sont éclairés par des lampes à arc voltaïque, les appareils à incandescence étant employés par les autres étages. Mais il est bon de distinguer encore le rez-de-chaussée et le premier, du deuxième étage. Celui-ci est éclairé par des lampes du système Jablochkoff, c'est-à-dire par des foyers où les charbons sont placés côte à côte, isolés par une cloison en sulfate de baryte. Ces lampes fonctionnent par groupes de quatre à la fois.

Le rez-de-chaussée et le premier étage sont éclairés par des lampes Cance, montées en dérivation, c'est-à-dire qu'elles sont indépendantes les unes des autres pour l'allumage et l'extinction. Dans ce système, les charbons sont bout à bout; ils s'avancent l'un vers l'autre au fur et à mesure de leur combustion par leur propre poids, mais leur écart est maintenu constant par un mécanisme régulateur obéissant à l'électricité elle-même qui traverse les charbons.

Toutes les lampes à incandescence, qui sont en majorité des types Edison et Swan, sont indépendantes les unes des autres. On peut les allumer ou les éteindre une par une. Néanmoins chaque étage est commandé par un commutateur et divisé en départements qu'on peut allumer d'un bloc si cela est nécessaire.

Des coupe-circuits sont placés sur les canalisations à tous les branchements, chaque fois qu'un fil change de grosseur ou s'écarte de l'alimentation principale, et aussi à chaque canalisation de lampe.

Ces coupe-circuits sont de petites boîtes renfermant un fil de plomb qui doit fondre en cas d'excès d'intensité du courant électrique et, par là, interrompre toute communication; — la grande quantité de ces appareils placés à tous les carrefours des canalisations empêche qu'il puisse arriver que des fils s'échauffent au point de brûler.

Les fils sont d'ailleurs tous placés dans des gaines en bois qui les isolent complètement et les maintiennent à des écartements invariables. On peut d'autant moins détériorer les fils que, d'une part, ils sont ainsi protégés, et que, d'autre part, les conduites sont souvent logées sous les parquets dans des endroits où il est impossible de les toucher sans lever des trappes disposées à cet effet.

Une lampe à arc voltaïque prend ordinairement une force motrice d'un peu plus d'un cheval-vapeur. Elle éclaire comme environ trente becs de gaz; mais à cause des ombres portées par les piliers et les colonnes, elle n'en peut remplacer que dix en moyenne. Il en résulte qu'on a, en somme, une lumière trois fois plus éclatante que celle du gaz, indépendamment de la couleur de la lumière elle-même, qui permet de voir exactement les nuances des couleurs. Une de ces lampes éclaire environ cinquante mètres carrés.

Les lampes à incandescence sont, au contraire, assez semblables à des becs de gaz ; on en a de trois intensités différentes : de 5, 10 et 16 bougies. La plus grande correspond au bec de gaz ordinaire de 180 litres.

La lumière des lampes incandescentes est, comme on sait, à peu près de même couleur que celle du gaz.

Les bâtiments des Magasins comportent un éclairage de 360 lampes à arc voltaïque et de 3,000 lampes à incandescence, et exigent, comme nous l'avons dit, une force motrice de la valeur de 975 chevaux-vapeur. L'éclairage au gaz qui remplacerait l'électricité exigerait 6,000 becs : encore ne donneraient-ils ni la même quantité ni la même qualité de lumière.

Les écuries du Bon Marché sont installées de l'autre côté de la rue de Babylone, en face les magasins. Elles renferment cent cinquante chevaux. Les attelages sont remarquables ; quelques-uns atteignent un prix élevé.

Les chevaux sont achetés en général à l'âge de cinq à six ans. Le dressage en est confié à un piqueur spécial qui ne les garde pas moins de quatre mois avant de les mettre en service sur les voitures de la maison. Aussi a-t-on pu remarquer combien les attelages sont *bien mis et ensemble*.

Nous avons entendu des personnes assurer que la maison du Bon Marché faisait le commerce des chevaux ; rien n'est plus inexact. Elle se borne, comme toutes les administrations qui emploient une nombreuse cavalerie, à vendre ses chevaux de réforme.

Les écuries sont d'une tenue irréprochable ; nous n'en avons vu nulle part d'installées d'une façon plus parfaite. Les chevaux sont rangés dans des stalles très confortables, à droite et à gauche d'une allée centrale de quatre mètres de largeur. Les mangeoires sont en marbre, les stalles en chêne apparent, les dallages en petits pavés ciselés ou en briques à point de Hongrie. Les voûtes sont portées par des colonnes de fonte à six ou sept mètres. Une grande fontaine monumentale en pierre forme le décor du fond.

Les voitures attelées, employées pour la livraison des marchandises, sont au nombre de quatre-vingt-dix-huit. Tout le monde a vu ces voitures si coquettes, à train jaune rayé de rose et de rouge ; elles ont été imitées, par tous les commerçants qui cherchaient à montrer des équipages élégants et caractéristiques, mais on n'a jamais fait mieux ; elles resteront comme le type de la voiture du commerce de luxe. Quelque important qu'il soit, le nombre des chevaux appartenant à la maison n'est pas suffisant. On est obligé d'y ajouter tous les jours un service auxiliaire pris en location, lequel nécessite à son tour l'emploi de plus d'une centaine de chevaux.

Le personnel des écuries se compose de soixante hommes, cochers et palefreniers, dirigés par un chef de service qui a lui-même sous ses ordres deux piqueurs.

Passons à la cuisine.Cuisines.

Jusqu'à présent, le service des cuisines du Bon Marché est fait à la façon ordinaire. Un fourneau à six foyers de dix mètres de long sur deux mètres de large sert à toutes les soupes, aux légumes et, par ses fours, à tous les rôtis. Une grande grillade établie à part dans le même local permet de faire cuire sur le gril les six cents côtelettes ou biftecks nécessaires pour un repas. Deux fourneaux avec cuves pour la friture fournissent deux mille kilogrammes de pommes de terre frites.

A côté de la cuisine, il y a une grande laverie de légumes avec des cuves en marbre, et à la suite, un garde-manger, avec récipient de glace, où se préparent toutes les viandes. — De l'autre côté de la cuisine sont les laveries des assiettes et des cuivres, puis la laverie de l'argenterie et des verres et, enfin, en retour, le local où se fait le café dans un percolateur permettant de donner mille tasses à chaque repas.

De l'autre côté, séparée par un couloir, se trouve la sommellerie où l'on met le vin en carafons : — trois mille six cents carafons d'un demi-litre pour chaque repas.

L'épluchage des légumes se fait dans un local spécial à proximité; il emploie quarante hommes. Tout à côté sont les réserves de denrées sèches, sucre et café, biscuits, fruits, etc.

Il faut, pour la cuisine même, douze chefs de cuisine et quatre garçons; — pour les laveries onze plongeurs

Le Grand Réfectoire.

La Salle a manger des dames.

et essuyeurs; — pour le café, un fournier, et pour la sommellerie quatre sommeliers; — soit, en y comprenant le service des salles à manger, cent douze personnes.

Il faut dire que chaque commis, en venant déjeuner ou dîner, se présente à un des guichets de la cuisine où il prend celui des deux ou trois plats qui lui convient dans le menu du jour affiché dans le couloir. Il passe ensuite à la sommellerie où il prend son carafon. En sorte que les garçons de salle n'ont plus à faire que le service des légumes, des desserts et du café.

Les demoiselles sont servies dans leur salle à manger respective.

Nous avons vu que chaque repas donnait lieu à une consommation de 3,600 carafons. Cela fait pour les 2 repas de la journée 3,600 litres, soit 16 pièces de vin. — Il faut donc que la cave aux vins, en deuxième sous-sol, reçoive tous les deux ou trois jours environ 50 pièces, en moyenne sans compter les 3,000 bouteilles d'eau de Seltz, de Saint-Galmier, de Vichy, etc., toutes les eaux minérales de table.

D'autres chiffres sont encore assez curieux.

Quand on sert du lièvre, par exemple, on doit compter 320 de ces animaux, pour un seul repas; — il faut 500 poulets; — 800 ou 900 bottes d'asperges. Les desserts sont au choix : fromages, confitures, biscuits et fruits.

On apporte 1,700 kilos de pain chaque matin. La fourniture en est faite par 7 boulangers. Il y a un boucher attitré. Tout le reste des provisions de bouche se fait à la Halle ou par marchés à l'amiable. C'est un Économe qui fait tous ces achats et qui dirige tout le service des cuisines

LES CUISINES.

DÉPART DES LÉGUMES
POUR
LA SALLE A MANGER.

et des salles à manger. Il n'est pas soumis à une dépense
déterminée, mais la maison exige que les aliments soient
de première qualité, bien préparés et servis de manière à
donner satisfaction aux meilleurs appétits.

L'Économe est assisté de cinq surveillants. Chaque
employé a le droit de faire des réclamations à ceux des
chefs de rayon ou de service qui sont de semaine pour les
recevoir. Les noms de ces chefs sont affichés dans les
salles à manger. Les réclamations sont réunies dans un
rapport qui est présenté au Conseil des Gérants et Administrateurs.

*
* *

Incendies.   Voici maintenant les dispositions prises et les moyens
pour prévenir et combattre les incendies.

Le service est fait par 20 hommes, savoir : 15 pompiers, 4 caporaux, 1 sergent. Ils ont à leur disposition,
pour le dehors, une pompe à bras. A l'intérieur des
magasins et de tous les locaux qui en dépendent, sont
établis 123 postes d'incendie et 84 extincteurs. Ces postes
sont des robinets pris sur une canalisation spéciale de gros
diamètre alimentée par l'eau de la ville de Paris et, si besoin
est, par les puits de la maison. Sur le robinet est montée
en permanence une partie de tuyau en caoutchouc de
20 mètres de longueur munie à son extrémité d'une lance
d'arrosage. Dans chaque armoire ou poste d'incendie, on
trouve encore une hache, une éponge et un seau plein
d'eau pour premiers secours. D'autre seaux pleins, environ
120, sont disséminés dans toute la maison, notamment au
pied des escaliers. Tous les postes d'incendie sont éclairés
la nuit par des feux électriques de couleur.

Les jours de semaine, les pompiers se tiennent dans les

magasins et à des endroits déterminés prêts à répondre
au premier appel. La nuit, le service est fait par une
escouade et un caporal. Un roulement est organisé pour
que les rondes se suivent sans interruption, — les jours de
semaine dans les sous-sols, — les dimanches et la nuit, dans
toutes les parties de la maison, sans exception. Les résultats des rondes sont inscrits jour par jour sur des feuilles
de service contrôlées par les inspecteurs.

Tous ces pompiers, sauf autorisation exceptionnelle
pour ceux qui sont mariés, couchent dans les bâtiments
des magasins. Une sonnerie d'alarme et un téléphone com-
muniquent à leurs chambres. A l'éclairage des magasins,
les pompiers doivent être en tenue de feu et à leurs postes
respectifs. Ils ont à faire éteindre tous les feux de cheminée
allumés dans les divers locaux aux heures où finit le
travail de chaque jour.

Ce sont encore les pompiers qui ont à veiller aux
infiltrations d'eau, quelles qu'en soient les causes :
pluies, fuites de canalisation ou des réservoirs, eaux des
égouts, etc. — Ils ferment ou ils ouvrent les robinets
généraux des distributions et ils doivent répondre de
toute espèce d'arrêt. — Tous les premiers dimanches
de chaque mois, ils font l'exercice complet des appareils
à leur disposition. Tous les seconds dimanches, c'est
l'épreuve des prises de pompes à vapeur installées par
la Ville aux frais du Bon Marché, sur les trottoirs des
rues qui entourent le Magasin. Ces épreuves se font sépa-
rément.

A chaque poste d'eau, on peut appliquer des mano-
mètres mobiles indiquant la pression de l'eau. On s'assure
tous les jours de la pression des têtes de colonne.

Enfin, on a pris, dans les garçons de magasin, ceux
qui sortent du régiment des pompiers de la ville de Paris,
et sous le nom de pompiers auxiliaires, on les met chaque

dimanche aux ordres du chef. On les a divisés en deux escouades de 6 hommes et on leur fait prendre part aux manœuvres et aux théories, tant des pompiers que des gaziers-électriciens.

Les pompiers proprement dits, ceux qui portent le costume du magasin, avec velours noir au col et aux manches, casques, ceintures, etc., sortent du régiment de sapeurs-pompiers de Paris.

Quant à la surveillance des magasins, elle est dirigée par chacun des Administrateurs du Bon Marché, à tour de rôle. La garde est de vingt-quatre heures, c'est-à-dire que chaque Administrateur passe à son tour une nuit au magasin. Il ne peut s'en aller qu'à l'arrivée de son successeur. Pendant les heures de repas, il est remplacé par celui qui doit prendre la garde immédiatement après.

Il a sous ses ordres un chef inspecteur et trois inspecteurs qui commandent eux-mêmes à 6 pompiers, à 5 gaziers-électriciens et à 15 veilleurs spéciaux, 3 caporaux et une quarantaine de garçons de service pour le nettoyage sont de plus toujours à la disposition de ces messieurs.

Gaziers-électriciens, pompiers, veilleurs et inspecteurs doivent assister aux théories faites les dimanches, tantôt sur le gaz et tantôt sur l'électricité ou l'incendie : on leur fait manœuvrer des extincteurs.

La nuit, outre les pompiers dont il a été parlé, et toujours sous le commandement de l'administrateur de garde, la surveillance est faite par un chef inspecteur, 3 inspecteurs, le chef, le sous-chef et 13 veilleurs spéciaux, une escouade des gaziers-électriciens, et 2 garçons de garde.

Il y a, comme on voit, deux escouades de veilleurs spéciaux de chacune 15 hommes compris leur chef, qui fonctionnent alternativement chaque nuit.

Les gaziers-électriciens, au nombre de 20 à 25 com-

Service des échantillons. — L'étiquetage.

mandés par 1 chef et 6 caporaux, sont, de même que les pompiers, organisés pour un service de nuit à tour de rôle.

Machines diverses.
Échantillons.

Nous terminerons cette partie toute technique en disant quelques mots des machines à couper les étoffes.

On envoie en province, à titre d'échantillons, de petits morceaux de chaque étoffe qu'on croit pouvoir être choisie par les clientes. Il faut environ 200 millions de ces échantillons par année. On les coupe dans les pièces de tissu de soie, de laine et de coton, etc., au moyen de 6 machines.

Chacune de ces machines, conduite par un coupeur et son aide, débite environ 32,000 morceaux par heure, tantôt plus, tantôt moins, selon que le tissu est plus ou moins épais ou plus ou moins dur.

Le plus facile est le lainage, les plus durs sont le calicot et la soierie.

Les diverses nuances d'une étoffe sont d'abord rassemblées en paquet et mises ainsi sous la machine dont nous venons de parler. Il en ressort des petites collections disposées par teintes et par prix, qu'on donne à des ouvrières. Celles-ci les placent sur des cartes et ensuite sous de nouvelles machines qui les attachent au moyen d'un fil d'acier. Il y a douze de ces machines, chacune est dirigée par une mécanicienne et une apprêteuse.

Les collections passent dans les mains d'autres ouvrières qui y ajoutent des étiquettes portant le prix et la largeur du tissu, et de là sont distribuées aux employés qui doivent satisfaire aux demandes. A cet effet, un service de jeunes filles est chargé de la lecture du courrier, de l'annotation des lettres, de la correspondance et des adresses.

Le service des échantillons dont nous venons de donner un aperçu occupe environ 110 ouvrières et une quarantaine d'employés.

Le service des *Expéditions pour la Province* continue en quelque sorte le travail ébauché par les échantillonneuses; car c'est lui qui envoie aux clients la marchandise demandée d'après les échantillons.

Ce service, qui comprend la correspondance et les envois par chemins de fer, messageries, poste, etc., occupe 400 employés.

Le *Service étranger* est en rapport avec tous les pays du monde: l'Angleterre, la Hollande, l'Allemagne, l'Espagne, la Russie, la Hongrie, l'Italie, etc. Les États-Unis et les nations de l'Amérique du Sud, ainsi que l'Australie et toutes les colonies, font des commandes en France pour des articles de toilette.

Combien de ces clients lointains, aujourd'hui tributaires de la France, n'ont connu les produits de notre pays que par les envois du Bon Marché !

E. FLAVIEN,
Ingénieur des Arts et Munufactures.

Paris. — Maison Quantin, 7, rue Saint-Benoît.

9 782329 565446